国税局査察部24時

上田二郎

講談社現代新書

2407

各話扉イラスト：福満しげゆき

はじめに

サラリーマンの味方

国税局査察部、通称マルサ。闇に潜んでいる資金に目を光らせ、時に経済社会の網の目をすり抜けようとするカネを引きずり上げるため、〝資金警察〟とも呼ばれている。

このマルサにまつわる話は、すべてが極秘である。

国税職員には国家公務員としての守秘義務と、国税通則法で定めた守秘義務の二重の制約があり、重い罰則が定められているからだ。そのため、国税職員は自分が携わった事案を誰にも話さずに墓場まで持っていく。

だがしかし、マルサの仕事が世に知られないのは、あまりにもったいない。もっと世に知られてよいはずだ、そう私は思う。

その理由の一つは、マルサの仕事を示すことで、「悪いヤツら」に立ち向かう使命感を読者と共有でき、それが結果として、悪いヤツらを排除する原動力となるからである。

「国税の最後の砦《とりで》」と呼ばれ、しばしば嫌われ役となるマルサたちも、元をただせばサラリーマン集団だ。サラリーマンだからこそ、日頃から重税感を抱いている（あなたも重い税負担に不満を抱いていないだろうか）。そしてマルサは、税制の不公平ぶりを他のサラリーマンよりもずっと知っている。きっちり源泉徴収されているサラリーマンの中でも、税に関するスペシャリストだからこそ、税を免れる者に対して強い敵意を燃やし、時に家族を犠牲にしながらも、日本の税制を守るというモチベーションがマルサにはある。

1000兆円を超す国の債務を誰が負担していくのか？　消費税増税は延期されたものの、そのツケは誰に向かうのか？　租税正義の実現のため、安月給で歯を食いしばって頑張っている「マルサの男」の姿を知ることで、脱税は社会公共の敵であるということを思い返してほしい。マルサが職人として、いかにして脱税の端緒を摑み、接触せずに大口・悪質の脱税を暴いていくのか？　刑事さながらの張り込みや尾行によって脱税を暴く、内偵調査のスリルをこれから伝えていきたい。そのために、本書は実話に基づきながらも、刑事ドラマを見ているかのように、なるべく読みやすく脱税事件を追ったつもりだ。

脱税者の悪い手口の数々や、それを追うマルサのひたむきな姿を読み終える頃には、知らぬ間に、とっつきにくい税制についての理解が深まっているだろう（税制についての理解をさらに深められるよう、各話の末尾に税に関するコラムも付記している）。

脱税の手口は進化する

そもそも、個人事業者や会社の脱税の手口は意外と単純で、売り上げを除外する（売上除外）か、経費を水増しする（架空経費）かのどちらかしかない。木を隠すのは森が一番いいということを脱税者自身が知っているためで、手口は昔から変わらず、今後も変わることはない。

売り上げの把握が難しい現金商売（水商売など）は売り上げをごまかし、売り上げをごまかすことが難しい業種（建設業界など）は、経費をごまかす。架空経費の代表選手は、架空外注費や架空コンサルタント料、架空業務委託費などだ。そして、脱税のツールとして使われるのは、架空名義の口座である。

マイナンバー制度（国民に個別の番号をつけ、社会保障や個人情報の管理に役立てる制度）で個人に預金口座がひも付けされれば、架空口座が減って脱税が減ることは間違いないが、ことはそう単純ではない。現金商売なら、そもそも口座を使って売り上げを隠す必要がない。また、架空経費を計上するなら、自分の息がかかった下請け会社を利用し、現金でキックバックさせる手口に進化する。このような通謀《つうぼう》取引では、受け取った外注費を下請け会社が売り上げとして申告する。もし税務調査で不審取引と疑われても、互いに正規の取引と主張するため、真の脱税者に課税できない場合もある。

要するに、脱税の手口が巧妙化し、地下へ地下へと潜り込んでしまうのだ。

こうして手の込んだ脱税が増える一方、取り締まる側のマルサでは、配属を希望する若手税務職員が減ったと言われて久しい。過去には映画『マルサの女』（1987年公開）の影響も大きく、一定の希望者がいたが、最近は募集定員に満たない状況が続いている。その原因が激務にあることは言うまでもないが、本人の希望でなくマルサに送り込まれた査察官に、良い成果は望めない。

マルサの陶酔感、高揚感

マルサの仕事やその魅力を多くの人に知ってもらいたかった理由の二つ目はここにある。つまり、正義感に満ちたひとりでも多くの人がこの職場を志すのではないか、若手税務職員がマルサの仕事をしたいと望むことに繋《つな》がるのではないか——。

優秀な人材確保のためには労働環境の整備が不可欠。そんな認識がやっと幹部たちに浸透してきたようだ。近頃では膨大な仕事とリフレッシュの時間の均衡を保つため、日曜日には事務室が施錠され、許可のない出勤はできなくなった。水曜日も全庁的な「ノー残業デイ」と定めて、全職員が定時の退庁を迫られる。

内偵調査はパズルを解く作業のため、投下時間を増やせば結果が出る訳ではない。どんなに時間を費やしても解けないパズルは絶対に解けない。ターゲットに気づかれることなく、帳簿を見ることもなく、巧妙に仕組まれた脱税を見抜くのが内偵調査だ。

そんな過酷な仕事ではあるが、楽しみもある。ターゲットに気づかれずに手口を暴き、隠し財産を見つけて強制調査に繋げる仕事に時間の制限はないうえに、調査妨害の圧力もない。ひたすら脱税者を探すことだけが求められ、査察官の感性のおもむくまま、自由自在に内偵調査を遂行できる。

６ヵ月から１年もかけてターゲットを追い詰めた強制調査の当日には、配置された査察官全員が手足となっていることに得も言われぬ陶酔感が漂う。事案によっては３００人以上の査察官を動員して一斉調査を行う本部室（強制調査の司令室）の高揚感は、いつまでも忘れることができない。そして、マルサの事案は社会を揺るがす大事件に発展することもしばしばで、田中角栄や金丸信などの大物政治家を脱税で追い詰めている。悪い大物たちを懲らしめるという何物にも代えがたいやりがいもある。

「申告納税制度の最後の砦」の力が衰えた先にあるのは、何を隠そう、正直者がバカを見る社会だ。そこには誰かがやらなければならない仕事がある。「絶対に脱税は許さない！」という信念で、昼夜を問わず過酷な勤務をしている国税査察官の実像を知ってもらいたいと思い、このたび筆を執った。

極秘事項を忠実に再現した

第一話では、各章で紹介する個別事案の理解を深めてもらうため、秘密のベールに包まれた東京国税局査察部の全貌を披露する。映画やドラマではっきりとは表現されていないが、マルサには内偵調査を専門に活動する内偵班（通称、ナサケ）と、実際に強制調査に突入する実施班（通称、ミ）が存在する。そして、その業務は完全分業制だ。

ここで紹介するのは、筆者・上田のデビュー戦となったフィリピンパブの内偵調査。チームのメンバーにも本心を明かさない国税査察官の心の内を、時を経てから気づかされることになった思い出深い事案だ。パブに潜入し、尾行と張り込みを経て、ようやくターゲットに踏み込んだ先に、予想もしなかった結末が待ちうけていた。

第二話では、建設業界の闇を暴いた「原発から流れ出るカネ」の内偵調査を通じ、国税査察官の矜持《きょうじ》と、資金警察と呼ばれるマルサの醍醐味を伝えていきたい。

既に強制調査に入った脱税者の証拠収集のために銀行調査に入ったとしても、そこに新たな脱税者の裏金があれば、けっして見逃すことはない。マルサには単年度のノルマにとらわれず、10年以上もターゲットを見つめ続ける部隊が存在するのだ。あきらめの悪いマルサが炙り出す、通常の経済活動の裏側にある使途秘匿金を紹介する。

第三話に登場するのは、健康器具の開発で一発あてた会社が振り出した「悪さをする約束手形」。やっと摑んだ事案になんとか強制調査をかけたい内偵班と、そこに立ちはだかるマルサの組織論、あるいは出世競争などを、ヒューマンドラマ仕立てで追った。

強制調査の着手基準は大口・悪質と定められていて、内偵班が1年間に1件のノルマを達成することは極めて高いハードルで出世競争にも関わってくる。今回は、脱税の手段も脱税の果実(タマリ)もほぼ見つかり、自信をもって査察立件検討会に送り込んだ。しかし、意外な理由で強制調査にストップがかかってしまう。その理由とは果たして何か?

第四話では、サラリーマンにも身近となった「FXトレーダー」の内偵調査を通じて、最近話題のタックス・ヘイブンを使った脱税手口を紹介する。経済のグローバル化に伴って国際取引を使った脱税がまかり通っており、海外で行われた脱税に調査権限が及ばない国税は、取り締まりに手を焼いている。その中でなんとか脱税者を捕らえようと、日々進化する脱税手口を見抜くために最新情報を勉強し続ける奮闘ぶりを見てほしい。

そして最後の第五話では、架空外注費を計上したビルメンテナンス業者と「口座売買屋の暗躍」を通じて、至極の内偵調査手法とともに、査察官を取り巻く環境、女性査察官の苦悩と周囲への影響、査察官を支える家族との関係を書いた。

口座売買屋の強制調査で売却先リストが押収できれば、そのまま脱税者リストになる可能性がある。それは喉から手が出るほど欲しい情報だ。無事、査察立件検討会を通過し、大きな期待を込めて強制調査を行った結果は……？

＊

冒頭にも触れたように、マルサの話はすべて極秘だ。もし、現在も継続調査中の事案があったとしても、退職した後では確認することができない。そのため、本書で登場するターゲット及び関係者はすべて仮名とし、地域を特定できないよう、最大限配慮した。

数々の制約のある中、薄れゆく記憶を辿って許される限り誠実に、忠実に当時を再現したつもりだが、守秘義務との関係もあって、マルサの本質を上手く伝えられない部分も多少なりともあることをお許し願いたい。

目次

マルサで使う主な「隠語」集（五十音順）

イチバン［一番］ 査察部長。財務省採用のキャリア官僚。

ガサ 強制調査のこと。「さがす」を逆にした警察用語だが、マルサでは「ガサ入れ」ではなく「ガサ」と呼ぶ。

キックバック 架空（水増し）経費を下請け会社などの口座に振り込んで、現金でバックさせること。

ゴンベン 大企業を所掌する調査部のこと。「調」の部首からきている。

サカン［査官］ 査察官のこと。

サンセキ［三席］ ベテラン査察官で内偵班を切り盛りする中心的存在。卒業まで5～10年かかる。

サンバン［三番］ 実施担当次長。ノンキャリアポストで、内偵班・実施班を含めた同期のトップが就任する。

ジムカン［事務官］ 査察官拝命前の丁稚奉公で、実戦部隊には配属されない。卒業まで2～3年かかる。

シラベシツ［調べ室］ 実施班が関係者から供述などをとる部屋。

ソウカツ［総括］ 総括主査。総括主査班の責任者で、税務署人事なら総務課長ポスト。

タマリ 脱税の果実で、脱税の重要な証拠。「裏金が溜まる」からきている。

タレコミ 脱税情報の提供。電話、投書、ネットの書き込みなどがある。匿名のケースが多い。

チーフ 主査。チーフ班の責任者で、税務署の人事なら統括官ポスト。

ツウボウ［通謀］取引 税務署が反面調査（確認）に来ても、正当な取引と主張する架空取引。

トクシャ［特車］ 特殊自動車の略。望遠カメラやビデオ機器を搭載し、張り込み用に改造した車両。

トクシュ［特殊］関係人 脱税に関係した者は内偵調査報告書にリストアップされるが、愛人だけは特別に特殊関係人と呼ぶ。

トクチョウ［特調］部門 税務署の特別調査部門。繁華街の現金商売を所掌する。別名ピンク担当。

ドボン 内偵班の烙印。年間に一件も脱税を発見できずに終わる不名誉。

ナガシ［流し］事案 実施班の烙印。強制調査の結果、告発できずに課税処理で終わる事案のこと。

ナサケ［情］ 内偵調査をする部隊。音読みしてジョウとも呼ぶ。

涙の連絡せん 税務署や課税部からの通報事案。呼び名の由来は、第四話で説明している。

ニジ［二次］ 二次登録。ターゲットに内偵中のフラッグ（先取特権）を掲げること。

ニバン［二番］ 情報担当次長。国税庁採用のキャリア官僚。

ビーカン［B勘］屋 脱税請負人のこと。A勘定は表に出せるカネでB勘定は脱税したカネ。裏金を捻出するために、領収書や預金口座を提供することからB勘屋と呼ぶ。

ヒロウ［拾う］ 脱税者を見つけること。

ピンク産業 主に風俗産業。裏ビデオの宅配や接待飲食業（お水）などの現金商売も含まれる。

ホンブシツ［本部室］ 強制調査の一切を取り仕切る司令室。

マッセキ［末席］ 内偵班の新人査察官で雑用担当。卒業まで3～5年かかる。

マルサ［マル査］ 国税局査察部の隠語。東京国税局では「ロッカイ」と呼ぶが、それは昭和期に東京国税局（千代田区大手町）の6階に査察部があったことから。

ミ［実］ 強制調査に入る部隊。音読みしてジツとも呼ぶ。

ヨメ［嫁］ 内偵事案。ナサケは「嫁に出す」、ミは「嫁入り」のように使う。

リョウチョウ［料調］ 課税部資料調査課。任意調査の最高峰の集団。料の部首からコメとも呼ぶ。

第一話　「繁華街の帝王」篇
――査察官は尾行する

大丈夫！　ターゲットにはバレていないはず……

フィリピンパブでの出会い

長内《おさない》査察官　上田、「繁華街の帝王」についての記事は読んできたな。

上田　はい！

長内査察官　これから狙うターゲットは、フィリピンパブを4店舗も経営しているが、確定申告をしていない。潜入調査をして店の利益を確定していく必要があるけれど……お前はフィリピンパブの潜入調査をしたことがあるのか？

上田　昨日、勤務の帰りがけによその店に行ってきました。フィリピンパブのシステムは理解してきたつもりです。

長内査察官　当然だよな。初めて行った店でウマい情報が取れることはない。ところが何とかホステスから話を聞き出そうとして、失敗する。一見《いちげん》客は店側もそれなりにマークをする。一見客お断りなんて店もあるくらいで、初めての店で不審者としてマークされるようでは、潜入調査をする意味がない。

上田　はい。

長内査察官　最初は無理して情報を取ることなんか考えなくていい。自然にしてろ。

上田　分かりました！

日頃からこういった店で遊んでおくことも重要だ。相手も商売人だから客を見れば遊びに来ているのか、それとも違う目的で来ているのかはすぐに分かる。フィリピンパブに遊び以外の目的で来るヤツは、警察かマルサか入国管理局ぐらいだろう。どれであっても店から見れば招かれざる客だ。

長内査察官

これは、これから紹介するフィリピンパブの潜入調査のワンシーンだ。長内査察官とあらかじめ居酒屋で一杯引っ掛けてから二次会を装って店に入ることになったのだが、フィリピンパブの潜入調査は初めての経験だった。

税務署では様々な店の調査を経験していたが、居酒屋やラーメン店の潜入調査がほとんどで、外国人パブはハードルが高い気がしていた。実際の潜入調査で失敗すれば、長内査察官から厳しく叱責されるため、前日にポケットマネーで遊んでおいたのだ。

潜入調査は経験がものをいう。余計な打ち合わせをしても思い通りには運ばない。最低限押さえる点は、マルサに配属される前に税務署で勉強していた。あとは慣れと機転で、ついたホステスとの相性にもよる。新人がついたら、何を聞いたところで何も知らない。その場の状況に応じて、店に怪しまれないように情報を集めるだけだ。

店ではマンツーマンでホステスがついた。20歳そこそこの彫りの深い顔立ちをした美人で、ロングヘアーだった記憶があるが、何を話したのかは思い出せない。

名前も思い出せないが、仮にマリンと呼ぼう。

ボディラインのハッキリ分かるミニのワンピースを着て、きつい香水の匂いがしていた。おばさんを頼って来日したと言っていたが、本当の話かどうかも分からない。ママとマリンの会話から、日本のおばさんとはママのことではないか、と思った記憶がある。

マリンは日本に来て3ヵ月しか経っていないため、カタコトでしか話せず、情報収集は芳《かんば》しいものではなかった。それでも最後までマリンはチェンジされなかったから、それなりに楽しんでいるように見えたのだろう。会話が弾んでいないカップルは、すぐに替えられてしまう。覚えていることはマリンから教えてもらった、タガログ語の「パロパロ」の意味（浮気しないでね）と「電話をちょうだい」と言って渡された名刺くらいだ。

名刺から情報収集するのが査察官だ。電話番号を調査して、店と同じ駅の反対側にある安アパートの一室を見つけ出し、国税局の1階にある公衆電話からダイヤルすると、電話越しに数名の女性の声が聞こえていた。漏れてくるのは若い女性の声で、数名のホステスがそこで暮らしている様子が窺えた。アパートから出てくるホステスの後を追えば、関連する店を浮かび上がらせることができるかもしれない。

起こされたばかりのマリンは寝ぼけた声だったが、「上田です」と名乗ると「覚えているヨ」と言って話を合わせてきた。とりとめもない話をしているうちに、なんとなく待ち合わせの約束をしていた。マリンにとってはデート後の同伴出勤のつもりだろうが、指示されていない内偵調査の深追いは失敗したときのリスクが大きい。

しかし、折角のチャンスととらえてアパートを張り込むと、待ち合わせ時間の少し前に、マリンがおめかしをして出てきた。真っすぐに待ち合わせの場所に向かった彼女は、来るはずのない人を待ち始めた。上田は申し訳ないと思いつつ、ゆっくりその場を去った。そして、マリンが出てきたアパートに戻って他のホステスの監視を続けた。追跡すれば姉妹店を見つけ出せるかもしれなかった。

このフィリピンパブを見つけたきっかけは、資料情報課の特別管理班が収集した「繁華街の帝王」と見出しがついた週刊誌の記事だった。繁華街といっても新宿や渋谷、池袋などではなく、都心から少し外れたＪＲ沿線の小さな繁華街。そこを特集する記事に、永田一夫（仮名）が顔写真入りで紹介されていた。流行店の紹介に小見出しを付けた程度の小さな記事だったが、査察官は見逃さなかった――。

『マルサの女』に描かれていないこと

取材に一切応じないため、マスコミ関係者から「沈黙の艦隊」と呼ばれる国税局。

その中でも唯一、強制調査の権限を持つマルサ(国税局査察部)は「国税の最後の砦」と呼ばれ、特に情報に対するガードが堅いことで有名だ。

マルサの内偵手法は、国税職員であっても、在籍したものでなければ想像することもできず、その実態を知るのは極めて限られた者たちだけ。脱税者に察知されることなく、突然、強制調査に入る姿から、「ステルス潜水艦」と呼ぶ者もいる。

マルサを一躍有名にしたのが、伊丹十三監督の『マルサの女』だ。公開されたのは1987年。マルサに勤務する女性査察官と、脱税者の戦いをコミカルかつシニカルに描いたドラマは、当時、映画館で立ち見が出るほどの反響で、第11回日本アカデミー賞最優秀作品賞、最優秀監督賞、最優秀主演男優賞(山﨑努)、最優秀主演女優賞(宮本信子)、最優秀助演男優賞(津川雅彦)と、その年の日本アカデミー賞をほぼ総なめにした。翌年には『マルサの女2』も公開され、大ヒットとなったため、シニア世代でマルサという言葉を聞いたことがない人はいないだろう。

『マルサの女』の制作にあたって、東京国税局査察部が伊丹監督の取材に全面的に協力した。そのため映画のシーンには、実際にあったエピソードがふんだんに盛り込まれていて、臨場感あふれるものに仕上がっている。しかし、映画には描かれていないことがある。マルサには内偵調査を専門に活動する内偵班(通称、ナサケ)と内偵調査の結果を受けて強制調査に入る実施班（通称、ミ）が存在することだ。ナサケは情報の「情」を表す隠語、ミは実施の「実」を表す隠語で、その業務は完全分業制である。

なぜ完全分業制なのか。

分業制の一つ目の理由は、スペシャリストの養成の必要性からだ。内偵班は、銀行調査や張り込み、尾行、潜入調査などを担当しているが、内偵調査の技術は一朝一夕には身につかない。特に張り込みや尾行は、日ごろから訓練をしていなければ、いざというとき簡単にできるものではない。

一方、実施班には、強制調査の際に重要物証の隠し場所を探す技術や、脱税者の供述を取りまとめ、供述調書を作成して、裁判のための証拠書類を作る技術が求められる。内偵班でも実施班でも、査察官が一人前に育つには、少なくとも5年の修業が必要だ。

もし、内偵班に配属された査察官が、5年経って実施班に配置換えになってしまうと、一人前の査察官に育って力を発揮するまでに、10年の丁稚《でっち》奉公が必要になってしまう。このため内偵班、実施班の両立が難しく、両方を経験する査察官は少ない。

二つ目の理由は、マルサの強制調査は、納税者に有無を言わさず踏み込む、強力な公権力の行使のため、精度の高い調査が求められるということだ。強制調査に入ったものの、脱税の事実がなく、「間違えてしまいました」では済まされない。そのため、内偵班が内偵調査を行い、実施班が実際に強制調査に入るシステムになっている。

強制調査の可否を検討するのが、マルサの幹部を前に開かれる査察立件検討会だ。査察立件検討会では、内偵班が内偵の正当性（脱税は間違いないこと）を主張し、実施班が内偵の弱い部分に厳しい質問を浴びせて、内偵班と実施班が鋭く対立する（第二話で詳述）。

実施班は納税者と実際に対峙し、強制調査のすべての責任を持たなければならないために必死だ。内偵班、実施班が互いのプライドをかけて議論を戦わせることにより、結果として、無実の納税者に強制調査が入ってしまうことを防いでいる。

私は１９８８（昭和63）年7月から（途中、２年間の税務署勤務をはさんで）２００７（平成19）年7月まで計17年間、東京国税局査察部に在籍した。査察官を拝命するまでの3年間は、事務官としての丁稚奉公。１９９１（平成３）年に査察官を拝命してからは末席《まっせき》査察官として下積み生活をして、晴れて三席《さんせき》と呼ばれる本当の査察官に成長するまでには5年の時を要した。その後、マルサを去るまで一貫して内偵調査に従事したのだが、そんな下積み生活の苦労や思い出話を、手がけた内偵事案とともに綴っていきたい。

これから紹介する内偵調査はすべて実話だが、国税査察官には、調査で知り得た秘密を誰にも話さず墓場まで持っていかなければならない義務があるため、守秘義務に配慮し、個人名や会社名を実際とは違う名前で紹介していることをご理解願いたい。

マルサの組織の全貌

マルサは隠密行動を取っている。人知れず内偵調査を行い、人知れず強制調査に着手し、人知れず検察に告発する。その後、検察が起訴して、裁判を経て量刑が確定する。マルサが検察に告発した段階で初めて、小さな新聞記事で紹介される。

内偵調査で6ヵ月から1年、実施班が受け取って強制調査に着手してからまた6ヵ月から1年もの日数をかける。だが、マルサが告発するまで情報が外部に漏れることはない。

マルサの男たちは、決して外部に情報を漏らさないし、家族にも絶対に話さない。映画『マルサの女』やテレビドラマ『ナサケの女』はマルサの強制調査を派手に紹介していたが、秘密裡《ひみつり》に行われる強制調査がニュース映像で流れることは絶対にない。稀に検察との合同捜査でニュースになることがあるが、マルサ単独の隠密調査は事前にメディアに察知されることはないのだ。

ターゲットに接触せず、いかにして秘密裡に内偵調査を進めていくのか？

そもそも大口・悪質の脱税をどのように見つけ出しているのかについては、読者の関心が最も高いところだろう。脱税端緒の摑み方は徐々に紹介していくが、本書を読み進めるための基礎知識として、まずはマルサの組織の全体像を紹介しておきたい。

現在、査察調査には国税庁と国税局に配置されている国税査察官（全国で約1500名）

があたっているが、東京国税局査察部にはこのうち550名が配置されており、東京の一極集中ぶりがここにも表れている。東京国税局のほかに、札幌、仙台、関東信越、名古屋、大阪、金沢、広島、高松、福岡、熊本の各国税局、沖縄国税事務所にもマルサが配置されている。東京国税局査察部の組織の概略は、次のようになっている（左ページ図参照）。

ひとつずつ簡単に解説していこう。

査察管理課は、査察部の中枢の総務課である。査察部長、情報担当次長、実施担当次長の日程管理や、査察部の人事、給与、厚生関係を司るマルサの総元締めだ。

査察総括第一課は、情報部門（内偵部門）の総元締めだ。東京国税局査察部では毎年70件程度の強制調査の着手を目指し、査察第1～17部門に配属された査察官が、4～5名の班単位で日本経済の裏側を探っている。査察総括第一課では、各々の内偵班の進捗状況を管理して優先順位を決め、強制調査を行うか否かを判断する重要な会議「査察立件検討会」を提案していく。

査察総括第二課は、実際に強制調査に突入する実施部門の総元締めだ。内偵部門から実施部門に事案を引き継ぐことを「嫁入り」と呼んでいるが、もらった「嫁」の担当部門を決定し、強制調査当日に調査全体の指揮を執る。強制調査に着手した後、担当部門が6ヵ月から1年もの日数をかけて処理していくのだが、進捗状況を管理して、検察に告発する

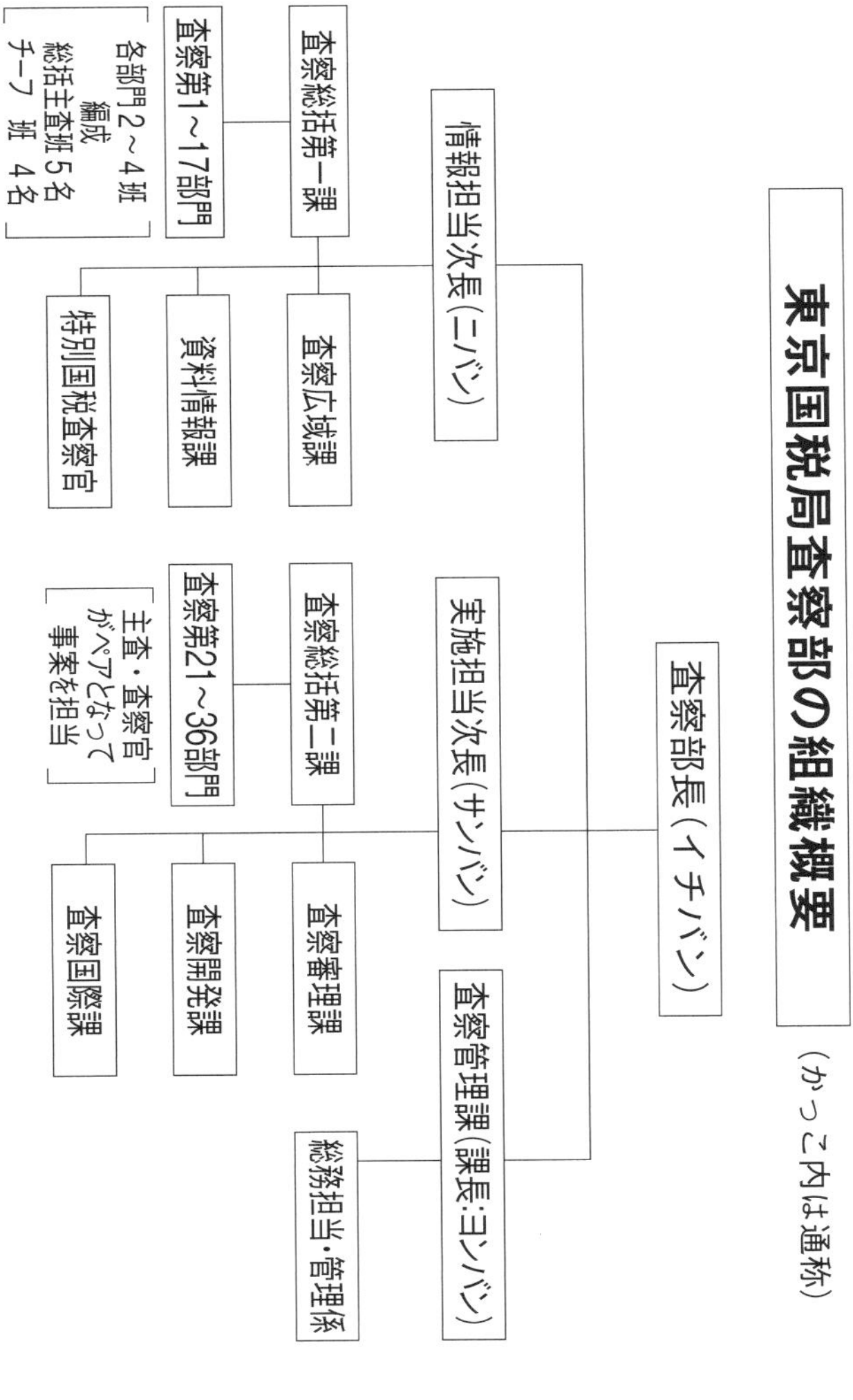
東京国税局査察部の組織概要
（かっこ内は通称）
査察部長（イチバン）
情報担当次長（ニバン）
査察総括第一課
査察第1～17部門
各部門2～4班
編成
総括主査班5名
チーフ班4名
査察広域課
資料情報課
特別国税査察官
実施担当次長（サンバン）
査察総括第二課
査察第21～36部門
主査・査察官
がペアとなって
事案を担当
査察審理課
査察開発課
査察国際課
査察管理課（課長:ヨンバン）
総務担当・管理係

か否かを判断する。

査察広域課は、２０１２年に新設された嘱託調査をするセクションで、脱税の広域化に対応している。脱税者は調査を逃れるために店舗などを広範囲に展開するのだが、マルサの内偵調査は査察官にしかできない。例えば東京国税局の査察官が札幌の店舗を張り込むためには、実際に札幌に飛ばなければならないのが原則だが、往復の移動や宿泊、更には充実した張り込みを行うには土地勘も必要だ。

これは最も重要な点だが、内偵調査の多くは無駄足に終わる。もし、札幌の張り込みや銀行調査を札幌国税局の査察官に頼めれば、無駄が省けて調査効率が上がるだろう。もちろん反対に札幌国税局の依頼で東京国税局の査察官が動くこともある。

資料情報課は資料情報の元締めだ。税務署や国税局の課税調査部門（調査部や資料調査課）が行った調査で大口・悪質の脱税が見つかると、資料情報課を窓口にして脱税情報が通報される。また、警察の捜査（風営法違反、不正薬物販売など）で脱税が発見されると、課税通報制度によって国税に通報されるのだが、その窓口になっている。さらに国税局に寄せられる脱税情報（電話による通報）の窓口にもなっていて、マルサが外部に開いた情報収集の元締めとも言える。

特別国税査察官は「特査官」と呼ばれ、統括査察官と同等のポストである。管轄する税務署を持ち、税務署を巡回して脱税情報を見つけている。税務署での調査が行き詰まっているときなどに、マルサへの早期通報を促す役目を担っている。

査察審理課は告発のための審理担当だ。脱税者は検察に告発された後、裁判所へ起訴される。そのため、マルサの調査段階から脱税の証拠が十分収集できているか、公判を維持するための資料が揃っているかを審理している。

査察開発課はコンピューター解析の専門部署だ。強制調査に入られた社長が、パソコンに保管していたデータや外部取り付けのメモリーを破壊したりする場合がある。破壊されたデータの復元や、差し押さえたメモリーの中にある隠しファイルや暗証番号を解読し、閲覧ができるようにするコンピューターのスペシャリストだ。

査察国際課は、近年増加の一途を辿る国際取引による脱税に対応するためにできたセクション。海外情報の収集はもちろん、強制調査で差し押さえた証拠の和訳も行う海外調査のスペシャリストである。

続いて査察第1〜17の内偵調査部門、査察第21〜36の実施（強制調査）部門と実戦部隊が配置されているが、庁舎内に入ってみると内偵部門と実施部門の違いは一目瞭然だ。

内偵班が庁舎内に残っていたのでは仕事にならない。よって内偵部門は留守番の統括査察官が残っているだけなので、フロアはガランとしている。反対に実施班は、強制調査によって差し押さえた物証の分析をしたり、関係者を国税局に呼び出して供述を取ったりしているので、ほとんどが庁舎内で仕事をしている。全く対照的な光景だ。しかし、いざ大型の脱税事案ともなれば、最小限の留守番の統括査察官を残して誰もいなくなる。

週刊誌から端緒を見つけ出す

資料情報課にある特別管理班は、情報提供（タレコミ）を専門に担当している。彼らは国税局に寄せられる匿名電話の対応を一手に引き受けているのだが、脱税情報にはマルサが追いかける規模の大口脱税から、税務署で調査する小規模の情報もある。そのため特別管理班のメンバーには、タレコミの真偽や規模を瞬時に判断する能力が求められる。

通報者が経理の専門知識を持っているとは限らない。そのため脱税情報の中には通報者自身も気づいていない大きな脱税に繋がる端緒が隠れていることもある。しかし逆にガセネタも少なくない。社長に対する個人的恨みや妬みで、マルサに強制調査をさせようとする輩《やから》もいる。氾濫する情報を整理して的確な情報を収集するのが特別管理班の役目だ。

匿名電話では、相手にしつこく訊きすぎると途中で切られてしまう。切れた糸をもう一度繋げることはできないが、その一方で通報者の言い分だけを聞いていると、ガセネタに翻弄されて無駄な時間がかかる。せっかく繋いでくれた蜘蛛《くも》の糸を切らないように気をつけながら、慎重に情報を手繰《たぐ》り寄せる。そのため彼らの任務は通報者からの電話待ちとなるが、マルサは待機時間を遊ばせておくような優しい組織ではない。

電話を待つ間の任務は、新聞・雑誌からの情報収集だ。彼らは机に山積みされた新聞・雑誌を一日中見つめている（任務を知らない人が見たら、うらやましいと感じる光景かもしれない）。日本で発刊されている新聞・週刊誌・月刊誌、ピンク雑誌に至るまで、すべての出版物に目を通し、脱税に繋がる情報を見つけ出して記事をスクラップし、コンピューターに入力するのが仕事だ。

収集する情報は直接脱税に繋がりそうな記事はもちろん、繁華街で流行っている店や儲かっていそうな店など、査察官の感性に引っかかる多種多様な情報だ。その情報が脱税摘発の端緒となることがしばしばある。一世を風靡したポーカーゲームやノーパン喫茶、カジノバーなど繁華街のトレンドをいち早く収集し蓄積している。そして、脱税をしていそうな店を見つければ、即座に潜入調査を行う。

税務署には情報がない

冒頭のフィリピンパブの話に戻ろう。

永田一夫はフィリピンパブ4店舗を経営するオーナーとして、ホステスに囲まれて陽気な笑顔を見せ、ワイングラス片手に写真の中央に収まっていた。情報を収集した査察官は、永田の確定申告状況を調べ、申告をしていない可能性があるとコメントしていた。

一般的に4店舗ものパブを経営していればそれなりの利益があるはずだが、個人での確定申告はなく、永田が主宰する永代産業（仮名）の業務はフィリピンパブではなかった。個人の申告がない以上、まずフィリピンパブが赤字の可能性が考えられた。

所得税法では1ヵ所から給与の支払いを受けている人で、給与所得及び退職所得以外の所得の合計額が20万円を超える人は、確定申告をしなければならないと定めている。つまり、フィリピンパブの年間利益が20万円以下であれば、確定申告義務はないのだが、赤字なら給与所得と合算して申告すれば税金が還付される。

また4店舗ものフィリピンパブを経営していれば、ホステスの報酬に対する源泉所得税の徴収義務があるはずで、税務署の情報が何も見当たらないのはおかしい。そのため、永田が経営するとされる店の潜入調査を行って、各店舗の商況を確認する必要が生じた。

マルサでは繁華街の流行っている店や、キャバクラ、ピンサロなどのピンク系店舗の潜入調査を定期的に行っている。特に新宿、渋谷、池袋などの繁華街では店の回転（新規出店から閉店までのことをいう）が早く、税務調査が追いつかない。

流行るのも早いが、廃《すた》れるのも早いというわけだが、本当に廃れたのか、税務署の目をごまかすために閉店を装っているのか、というのは不明だ。不思議なことに長い期間見つめていると、経営者が次から次へと変わりながら、明らかに儲かっているように見えているのに閉店してしまうものもある。このような時には陰のオーナーを疑ってかかる必要がある。調査を逃れるために閉店を装っている可能性があるからだ。

偽装閉店を見破るには、日ごろから店をマークして潜入調査をしておくことが必要だ。一見客に重要な話を漏らすほど経営者のガードは甘くないため、何度も繰り返し潜入して顔なじみになっておく。毎日働いているホステスなら、陰のオーナーを知っているはずで、さりげない会話の中から情報を聞き出す技術が求められる。

「アレ」「コレ」「ソレ」を理解する

ここで当時のメンバーを紹介しておこう。

東北なまりが抜けない藤沢総括主査。大柄で髪が薄く、横から8対2に分けてかき上げ、バーコードのようにして頭の天辺を隠している。どこか愛嬌のある顔をしているが、怒っていない時でも強烈に怖い。酒が強くて、ビールなら大ジョッキで10杯も呷《あお》った。歳は40代後半、税務署なら総務課長（署長、副署長に次ぐナンバー3）のポストで、将来が保証される指定官職を狙える位置だ。

次席は、大柄で強面《こわもて》だが本当は優しい坂上主査。こちらも髪は薄いが隠してはいない。税務署なら統括官ポストで管理職だが、人事交流で法人課税課から来ていた。しかし、この年は趣味のテニスで足を折って、松葉杖での内勤を余儀なくされていた。

三席は「マルサの暴れん坊」と呼ばれた長内査察官。酒を飲んでは暴れて、上司と喧嘩をしていた。上田より一回り年上の厳しい先輩で、内偵経験も10年近いベテラン査察官だ。小柄で痩せ形。野球が趣味で少年野球の監督をしているので、日焼けしている。

坂上主査が内勤のため、藤沢総括と長内査察官のベテランコンビと、内偵1年目の上田の3人で動かなければならなかった。そのため、上田も即戦力としての動きが求められ、忘れられない厳しい一年となった。

そもそも、内偵班には以心伝心による阿吽《あうん》の呼吸が必要で、外部に情報が漏れないよう、通常の会話でも隠語を多用する。そして、同時並行して複数のターゲットを追うのだが、ターゲットの固有名詞は決して使わない。よって、仕事でも「アレ見てこい」「アッチは終わったか？」などの指示も多く、新人査察官には会話を理解することさえ困難だ。「アレとは何ですか？」と聞き返すと「なぜ分からないんだ？　今日の仕事の結果を考えれば分かるはずだ」と怒られることもしばしば。軍隊並みの徒弟制度とされる所以《ゆえん》だ。

忘れられないエピソードがある。「明日はあそこに集合」と前日に指示を受け、一抹の不安を抱えながら「あそこ」に30分前に着いたのだが、集合時間を30分過ぎても誰も現れなかった。携帯電話もない時代のことだ。

集合場所を勘違いしたと思い、やむなく本部（国税局の隠語）の統括査察官に公衆電話から連絡を入れた。国税局の統括官といえば、税務署では副署長クラスの指定官職だ。新人査察官がおいそれと会話できる人ではない。

上田　申し訳ありません。集合場所を間違えてしまったようです。時間を30分過ぎても、総括も三席も現れません。今日の集合場所は中野駅前の銀行でしょうか？

統括官　昨日の電話では、そこで間違いないよ。もうすぐ来るんじゃない？

上田　しかし、二人とも来ないものですから、私が間違えたのではないでしょうか？

統括官　大丈夫。もう少し待っていなさい。

結局、45分遅れて二人が同時に到着した。昨日、終電がなくなり、内偵現場近くのサウナに泊まっていたらしい。仕事をしていたのか、酒を飲み過ぎたのかは分からないが、統括官に集合場所を確認したことを伝えると、「ばかもん！　俺たちが遅れたことが統括にばれたじゃねーか！」と、長内査察官からこっぴどく怒られた。

たしかに調査資料を正確に読み込めば、（調査の能力があれば）「あそこ」は確実に絞れる。しかし、あくまでベテラン査察官ならではの話だ。この「アレ」「コレ」「ソレ」を的確に理解できるようになるには、通常2〜3年の年月を必要とする。

当時のマルサでは計4人の布陣が標準的な内偵班の配置とされ、経験10年以上の総括主査と、10年近いベテラン査察官を中心に強固な調査ラインを引き、人事交流の主査を交えながら新人査察官を鍛え上げていた。

いつ終わるとも知れない徹夜作業

潜入調査当初からフィリピンパブは盛況で、少なくとも店舗の年間利益が20万円を下回ることはなく、ターゲットの無申告が確定した。内偵調査報告書作成のために脱税規模の判定が必要になったが、無申告のターゲットの脱税規模を調べることは容易ではない。

売上除外や架空経費の計上による脱税方法は、仮名預金口座などに入金する工作が必要なため、入金額が脱税額と判断できる場合もある。しかし、繁華街の帝王は申告をしていないため工作をする必要がない。よって内偵調査で店の売り上げや経費を推計して弾き出さなければならず、各店舗の規模、従業員の数、ホステスの在籍数、酒・おつまみ等の仕入れ先、おしぼり業者の特定、定休日と調査すべき事項が山積みだった。

確定申告をしていれば、過去の調査から仕入れ先やおしぼり業者などは見当がつく。調査記録は永年保存のため、様々な情報を引き出せるのだが、今回の内偵調査では情報を一から手繰り寄せなければならなかった。売り上げ規模の算出には、一定期間張り込みをして入店者数をカウントする必要もあり、内偵調査には長期間の張り込みが必要だった。

藤沢総括の指示で、潜入組と張り込み組に分かれての数週間の調査が決まった。不足人員は他の班から借りて補った。店は最後の客が帰るまで営業しているため、朝までの張り込みが毎日続いた。そして、同時に昼間は、フィリピンパブ周辺や帝王の自宅周辺の銀行、信用金庫などの金融機関の調査をする必要があった。

周辺の金融機関をピックアップし、取引の可能性がある金融機関から順次調査に入っていった。調査拠点をフィリピンパブ近くのサウナに置き、仮眠と休憩を取りながら、夜は張り込み、昼は着替えて銀行調査に入る日々が2週間続いた。

店舗の借り主や食品衛生責任者、水道・光熱費の契約者などの基礎調査は数日のうちに終了し、従業員の数やホステスの在籍数も潜入調査によって次第に明らかになっていった。酒やつまみの仕入れは毎日するとは限らないため、長期間の張り込みによって徐々に判明していった。が、各店舗の仕入れ先に統一性は見当たらなかった。また、おしぼり業者もA店では把握できたがB店では摑めないなど、「まだら模様」の調査結果が出ていた。

上田は内偵調査の展開が分からず、いつ終わるとも知れない徹夜作業に不安な日々が続いていたが、本当に苦労していたのはベテランの藤沢総括と長内査察官だったのだろう。

長内　結果があまり芳しくないですね。

藤沢総括　相手が無申告だから、すべてを調べ上げなきゃいけないから大変だよな。

長内　それにしても各店舗に統一性がないというか、繋がりがないというか、各々の店の雰囲気がまったく違いますね。

藤沢総括　系列店舗としての連携もないし、独立採算なのかね？　おしぼりも、A店では業者を使っていたけど、B店では店で洗っているみたいだし。

長内　店の賃借人も違うし、営業許可申請者も違っています。電話や電気の契約者も違っていて、残念ながら、各店の共通性や繋がりは見つかっていません。

藤沢総括　ピンク業界の常套《じょうとう》手段だからね。裏のオーナーが分からないようにしているのだろう。慎重に各店舗を関連付けないようにしているのかもしれない。

長内　それにしてもガードが堅いというか、今のところ尻尾がまったく摑めません。2週間の張り込みでも帝王が店に来ている様子は一度もない。

藤沢総括　そこが一番腑に落ちないところだよね。普通なら店長への牽制もあって、毎

長内　日、店回りをするはずだよね。よほど店長を信頼しているのか、それとも帝王と呼ばれるだけあって、恐怖政治で抑え込んでいるのかね？

藤沢総括　番頭がいるのかもしれませんね。帝王の代わりに店を回っている人が……。

長内　2週間張り込んでみたけど、それらしい人物はいない。毎日来ているような人間がいれば、もうピックアップしているだろう。

藤沢総括　帝王の自宅を張り込みましょう。店長が売り上げを届けに来るはずです。

長内　そうだな。店長の顔は分かっている。店長が帝王の自宅に現れれば、陰のオーナーだという証拠になるから、やってみるか。

藤沢総括　来るのは後片付けが終わった朝になりますね。また2週間徹夜ですか。

長内　ところで、A店の店長は帝王より年下で支配下にあることは理解できるのだが、C店の店長は帝王より年上で、調査から浮かび上がった人物像では水商売の経験も相当に長い。こんな人が本当に帝王に雇われているのかね？

藤沢総括　資本主義社会ですから……今までもザラにありましたよ。

長内　もちろんそれはそうだ。それでもどこかが引っかかるんだよね。週刊誌はフィリピンパブ4店舗を経営している帝王と紹介していた。そして、内偵調査を始めると帝王に関係がありそうな4店舗が見つかった。さらに店の近くの信用金庫を調査すると、帝王が毎月500万円の定期積み金をしていることが判明した。これらの事実から導き出される答えは、帝王はフィリピンパブ4店舗を経営しているが、確定申告をしていない脱税者となるはずだよな。

長内 その答え以外に、どんなことが考えられます？

藤沢総括 いや、答えが違っているとは思っていないんだ。しかし、どこかしっくりこないというか……。

ベテラン査察官二人の会話は、当時の上田にはよく理解できなかった。少なくとも、話している内容は分かっているつもりだったが、調査から見える様々な事象が、どのような結論を導き出すのかを判断する能力も経験も不足していた。ただただ、初めての内偵調査の展開に驚き、その場に参加できていることが嬉しかった。

基本は張り込みと尾行

マルサの内偵調査の基本は張り込みと尾行だ。社長の日常生活を調べるために何日も張り込む。銀行の前で割引金融債（無記名債権）の購入者が来るまで何ヵ月も張り込む。これは映画のワンシーンではなく、マルサの男の日常だ。

訓練は先輩査察官からの突然の指令で始まる。「今日のターゲットはあいつ」。そう、まったく関係のない人の背中を借りるのだ。指示された人を尾行して自宅まで追跡し、どこの誰かを突き止める。しかし、新橋で飲んでいるようなおじさんでは練習にならない。なぜなら普通の人間は背後を警戒しないからだ。酒が入っていればなおさらだ。

それではどうやって警戒する人を選び出しているのだろうか？

マルサの内偵班の主戦場は銀行だ。銀行にやって来る人の中には大金を下ろす人もいる。大金を下ろした人はひったくりなどを警戒して背後を気にする。何度も経験すると、警戒する人の動きが見えてくる。

実戦から言葉では言い表せない不審な動きが見えるようになってくる。この経験が千載一遇のチャンスの尾行を成功に導く（現在は銀行調査が調査センター〈第五話で詳述〉に集約されてしまい、実店舗での調査が少なくなったため、訓練は行われていないようだ）。

それにしても、IT化によってスイカやパスモなどの交通系電子マネーが登場し、尾行もだいぶ楽になった。スイカやパスモが登場する前であれば、池袋での張り込みには乗り入れ全路線（JR線、西武池袋線、東武東上線、東京メトロの4社）の初乗り切符を予め手弁当で買っておく必要があった。ターゲットがどこへ向かうか分からないからだ。もし、ターゲットが定期券や回数券を持っていた場合、切符を買っていたのでは見失ってしまう恐れもある。よって張り込みが長引けば、手弁当代もかさむ。

尾行は常にペアで行動し、ターゲットが電車に乗り込めば、隣の車両からターゲットを見つめ、ターゲットが目的の駅で降りれば、一人がそのまま尾行し、もう一人が二人分の電車賃を精算して後から追いかける。

携帯電話も張り込みや尾行を飛躍的に楽にしてくれたアイテムの一つだ。しかし、ターゲットがいつ来るのかは分からないし、特殊自動車（後述）を使えない場所も多く、張り込みの基本は立ちんぼうになる。真夏の炎天下、真冬の木枯らしの中、雨の日も、風の日も、朝も、昼も、夜中も。いつ来るか分からない相手を四六時中待っている。

特殊自動車の正体

マルサには、張り込み専用に改造された特殊自動車（トクシャ）がある。内偵調査の神髄は張り込み、尾行、潜入調査と刑事さながらなのだが、特に張り込みは警察からも一目置かれるほどの技術だ。長期間の張り込みをサポートしてくれる特殊自動車を紹介しよう。

特殊自動車の1号車がマルサに配備されたのは1989年だが、実はこの車は映画『マルサの女2』の張り込みシーンに登場する「HONDA　Z」をモデルに作られたものだ。話は逆なのだが、映画が現実に先行した形で、伊丹十三監督の先見性の象徴だろう。

映画に登場する特殊自動車には様々な通信機器が積まれていたのだが、当時マルサには普通の乗用車しかなかった。映画を見た国税庁の幹部が、「マルサの特殊自動車を見たい」と言い出したことがきっかけで作製の指示が下った。急な対応だったため、当時の担当者が映画を参考にして、内偵調査にも強制調査にも使用可能なデモンストレーション車にしたために、あまり実戦向きではなかった。

内偵調査に使うカメラを搭載していながら、強制調査に入ったときに使う安全靴や、ドアチェーンを切断するための工作用具も搭載されていた。これらの工作用具は映画の一コマに大きなインパクトを与えたが、実際の強制調査では使用することはない。マンションのカギが開かなければ、管理人に開けさせる権限を持っているのが強制調査である。管理人がいないなら、マルサと契約しているカギを開けるスペシャリストを呼び出して、警察官を立会人にして踏み込むだけだ。

特殊自動車はガサ（強制調査）日には、ガサ箱（強制調査で押収するときに使う箱）の運搬車両としても使うため、大きな運搬スペースが必要となる。しかし、張り込み用の大きなカメラ機材はスペース確保の邪魔になった。反対に、張り込み時には荷台に段ボールを敷いて長時間潜む内偵査察官に、フラットな硬い荷台は不評だった。

デモンストレーション車を改良して、実戦向きの内偵専用車を作れとの指示が下りたのが１９９０年で、上田はこの時の担当者だった。会計課の係長と日産自動車の担当者と３人で１年がかりで作りあげたのだが、上田の役目は実戦部隊の内偵班から装備の要望をとりまとめ、日産自動車の担当者に伝えることだった。

２号車のベース車両は「日産ラルゴ」にした。長時間の張り込みに使うためのスペースと、駐車スペースをなるべく取らない車という命題の両立を考えて、ワンボックスで比較的小型の車を選んだ。張り込みで一番大切なのは汎用で目立たないこと。だから、最も売れているというスカイブルーの車体を選んだ。

予算の大半を「張り込みの目」となる監視装置に費やした。カメラと監視ビデオを搭載し、３６０度、どの角度でも撮影可能にして、遠方からでも監視できるように２００メートルの望遠機能を持たせた。当時は希少なカーナビや携帯電話も搭載していた。

そして最も力を注いだのが、快適な居住空間の確保だった。張り込みで最も困るのが真夏の車内である。夜中はエンジン音が響くため、エアコンを掛けたままでは長時間張り込めない。冬はジャンパーを着込み、カイロで寒さを防げるが、夏はそうはいかない。トラックの大型バッテリーを搭載し、エンジンとは別の電源を確保して冷房が使えるように工夫し、今の電気自動車と同様にプラグインで、家庭用電源から簡単に充電ができた。

２号車が全国の国税局に配備されて実戦使用され、各国税局の実情に応じた特殊自動車に改良されていった。前方に視界を遮るものがない地方局では望遠機能が生かせるが、東京には前方に200メートルもの開けた視界がある場所は少ないため、大きな望遠機能は必要なかった。また、張り込みから尾行に発展することは当たり前のことで、いざ尾行となると、高級車に乗るターゲットにラルゴでは追いつかない。東京で必要だった駐車スペースをなるべく取らないという命題は、地方局では追跡時のスピードに変わった。

東京国税局でもスピードを重視した改良型を順次導入したが、装備はほとんど変わっていない。現在は、さらに改良された最新型が導入されているようだが、車種も機能も秘密にしておく。マルサの男たちの必須アイテムを、退職者が暴露するのはご法度《はっと》だ。

三種の神器

帝王の自宅は、ＪＲの繁華街から南に車で20分とかからない場所にあった。しかし、これは夜中の移動時間で昼間はそうはいかない。この地域は、今では南北に地下鉄路線が開通して便利になったが、当時は東西に3本の路線があるだけで、南北の移動手段は路線バスしかなかった。繁華街の帝王と呼ばれる男の移動手段がバスのはずがない。しかも深夜で路線バスは動いていないため、張り込みは帝王の車を見つめていれば良かった。

帝王は数年前まで父が創業した運送会社を経営していたが、この頃には運送会社を畳んでリース会社（永代産業）を主宰していた。自宅には元運送会社の事務所があって、今でも古びた看板が残っていた。会社にしては小さいが、自宅にしては大きすぎる古い家に一人で住み、玄関脇のガレージのシャッターはいつも閉まっていた。

所有車両を調べると、紺色のカローラがヒットした。かなり地味で、浪費をしない堅実な人物像が浮かび上がってきた。帝王は40歳を少し過ぎた独身者だが、外出することも少なく、一日中自宅に籠もって、買い物に出ることも、仕事をする様子もなかった。

訪れる人もない自宅はひっそりと静まり返り、体調が悪くて病院に通っているという様子もなかった。自宅を張り込んで1週間が経過し、店の張り込み開始からは3週間が経過していたが、店長が現れることはなかった。しかし、メンバー全員が警戒して、陰のオーナーが暴かれないように行動している、と班員は思考していた。

一人住まいの帝王宅に出入りする50歳前後の女性がいた。帝王より少し年上で、当初は姉と考えていたが、戸籍を調べても帝王に姉はいなかった。女性は毎朝、帝王宅から出かけて夕方には帰宅した。追跡した勤務先から彼女の仕事が生命保険の外交員だということが分かり、その名前から帝王が主宰するリース会社の代表者であることも判明した。

リース会社での勤務状況がないことから、女性は名義だけと推測され、徹底して他人の陰に隠れるという帝王の人物像が浮かび上がってきた。様々な調査結果から、女性は帝王の「特殊関係人」と判断され、結果的に、「三種の神器」が揃った。

長内　上田。お前、マルサの三種の神器って知ってるか？

上田　いいえ、初めて聞きました。

長内　「端緒」と「タレコミ」と「タマリ」だ。特に特殊関係人はビッグアイテムだ。特殊関係人は知っているだろう？

上田　愛人のことですよね。

長内　その通り。内偵中に特殊関係人が見つかれば、パチンコで言えば確変モード。内偵調査が成就する確率がグンと上がる良い兆候だ。

マルサには内偵中に「三種の神器」が揃うと、必ず内偵が成就する（強制調査に着手できる）という言い伝えがある。一つ目の端緒とは、架空取引をした銀行口座や税務調査で不正の事実が判明したことだ。二つ目はタレコミ（脱税情報提供）で、国税局に寄せられる脱税情報やマルサに蓄積された雑誌などの記事も含まれる。三つ目は仮名預金や借名預金のことでタマリ（不正蓄財資金）の一部だ。タマリも株式投資や無記名債券や金の延べ棒の購入など、ターゲットによって様々。特殊関係人と呼ばれる愛人もタマリに含まれる。

三種の神器の出現に、班員は浮き足立っていたのかもしれない。帝王の三種の神器を整理すると、一つ目は信用金庫で見つかった毎月500万円の定期積み金だ。実名での積立預金ではあるが、毎月500万円を貯め続けるだけの稼ぎがあるという証明だった。預金はフィリピンパブを裏で経営している有力な証拠の一つと判断していた。

二つ目は「繁華街の帝王と呼ばれ、4店舗のフィリピンパブを経営している」と紹介された週刊誌の記事。脱税を直接示す内容ではないが、帝王が確定申告をしていないため、結果として脱税情報になった。三つ目は特殊関係人が見つかったことだった。

微妙な違和感

しかし、後から振り返ってみると、三種の神器の一つ一つが定義から少しズレていることが分かる。例えば毎月500万円の定期積み金は、仮名預金や借名預金ではなく、堂々と帝王名義で積み立てられ、信用金庫の渉外担当が自宅へ預かりに行っている記録が残っていることから、帝王には預金を隠す意思は無かった。

一つ一つの微妙な違和感が訴える小さなサインに気づかずに内偵調査は進行した。少なくとも上田は気づかずにいたが、ひょっとすると藤沢総括や長内査察官は、異変に気づいていたのかもしれない。二人で色々と議論していたような記憶がある。時には酒を飲んで口論になって、もみ合う二人の間に割って入ったこともあった。

長内　総括、このまま進んで本当に大丈夫ですか？
藤沢総括　今さらどうした？　おじけづいたか？
長内　そうは言っても、もし店の経営者が違ったら大問題ですよ。
藤沢総括　そんなことは分かっている。ここまで来て今さら引けないだろう。腹を括れ。お前は三席を何年やっているんだ。いつもの根性はどうした？
長内　根性だとかそんな問題じゃないでしょ。何を言っているんです！
藤沢総括　それじゃ聞くが、あのカネ（毎月500万円の積み立て）はなんだ？　週刊誌の記事はなんだ？　特殊関係人はなんだ？
長内　確かに三種の神器は揃っています。でも、何かが……。
藤沢総括　これだけ状況証拠が揃っていて撤収するのか？　ダメならダメな理由をちゃんと示せ。根拠も無く尻尾をまくのか？

酒も手伝って話が次第にヒートアップしていく。結局、内偵調査は相手に接触せず脱税を暴いていくため、着手してみなければ分からない部分もある。内偵班の仕事は脱税の疑いがある者を検討会の俎上《そじょう》に載せることで、怪しい事案は結果的に検討会で篩《ふるい》にかけられる。調査のプロとプロの真剣勝負を無事通り抜けた事案だけが強制調査に辿りつけるのであって、脱税をしていない者に誤って踏み込まないように検討会が開かれるのだ。

内偵調査経験を積んで次第に分かっていくことなのだが、内偵担当者が自分でブレーキを踏んではいけない。自分からブレーキをかけるのは簡単なことで、心配な部分を統括官に吐露して強制調査は難しいとさえ言ってしまえば、すべてが終了し、解放される。数ヵ月も追ってきた事案を自ら畳んで、翌日から別の内偵に走るだけだ。

内容を一番知っているのは、現場で調査をしている査察官自身だ。統括官は経験から助言するが、すべてを知っている査察官の判断が一番正しいことを心得ている。しかし、査察官が自らブレーキをかけていては、1年間に1件着手することなど絶対にできない。

事案には常に心配がつきものだからこそ、強制調査の許可が下りたその日から担当査察官の眠れない日々が続く。そしてその心配は、強制調査の当日にターゲットが無事捕まって、脱税を認めるまで続くことになる。

調査中の小さな傷をネガティブに捉えず、大きな幹を見て暴いていくことが必要で、怪しい事案は自分がブレーキをかけなくても必ず誰かが止めてくれる。そのための検討会を簡単にすり抜ける事案は存在しないということだ。

だが、帝王は検討会をあざ笑うかのように、あっさりとすり抜けてしまった。少なくとも検討会で激論を交わした記憶はない。強制調査の当日、マルサの歴史でも滅多に見ることができない結末が待ち受けていた。

帝王の真の姿

午前8時、特殊関係人の朝食の準備中に査察官が突入した。上田は外書《そとがき》と呼ばれる強制調査の人数外のメンバーとして、帝王の自宅に配置されていた。

外書の役目は、現場で発見されるべきタマリの整理をすることで、内偵調査段階で把握したタマリが想定どおり現場から発見されているか否かを内偵担当者がチェックする。例えば、内偵で摑んだ通帳が現場から出てこなければ、まだ未発見の捜索場所があるということになる。大事なものを一ヵ所に隠すとは限らない。すべての場所を捜索し、見つかるべきものが発見されるまで捜索が続く。

外書は強制調査にはタッチしない。内偵担当として見つめてきたターゲットの情報を現場責任者に正確に伝えることが役目だ。見つかった通帳を整理して預金通帳、印鑑、キャッシュカードが発見されているかを現場で確認し、内偵調査で把握できなかった金融機関が見つかった場合、本部に連絡して待機班を新たな現場に向かわせるという重要な役目も担っている。そのため、現場から発見されたタマリすべてに外書が目を通すことになる。
いよいよ突入だ。昨夜からの張り込みで帝王の在宅は掴んでいた。実施担当総括が大きく深呼吸をしてからインターホンを鳴らす。待機している査察官全員に緊張が走った。

実施担当　おはようございます。
特殊関係人　どちら様?
実施担当　永田一夫さんは、いらっしゃいますか?
特殊関係人　まだ寝ていますけど。どちら様ですか?
実施担当　ちょっと永田さんにお話を伺いたいのですが。
特殊関係人　ですから、どちら様ですか?
実施担当　国税局の者です。
特殊関係人　国税局の方?　なんでしょう?
実施担当　お聞きしたいことがあります。玄関ではなんですから入れてください。
特殊関係人　国税局の方が何の用ですか?
実施担当　永田さんの確定申告について、ちょっとお伺いしたいのですが。
特殊関係人　確定申告ですか?

実施担当　ええ、ちょっとお伺いしたいことがありまして、中に入れてください。

特殊関係人　まだ寝ていますけど……とりあえず入ってお待ちください。

特殊関係人には査察官たちの姿は見えていない。彼らはドアスコープから見えないように隠れている。訪問者は一人か二人と思っていたようだが、玄関が開いた途端、実施担当査察官が次々に突入していった。今日の捜索には上田を含め、総勢7名の査察官が配置されていた。驚いた様子の特殊関係人が、少し語気を強めて言った。

特殊関係人　朝からこんなに多くの人が、いったい何ですか⁉

実施担当　永田さんを呼んでいただけますか？

玄関先の騒々しさに気づいた帝王があくびをしながら、寝間着のまま出てきた。細身の優男で、寝癖なのか天然パーマなのか分からないぐちゃぐちゃな髪をしていた。

実施担当　永田一夫さんですか？

帝王　はい、そうですが。

実施担当　東京国税局査察部です。永田さんに所得税法違反の疑いがあって、裁判所から臨検、捜索、差し押さえの許可をもらって調査に来ています。ご協力をお願いします。

特殊関係人　マルサですか？　カズちゃんが、なんでマルサに調査されるの？

マルサの男は突入する

マルサの突入シーンだ。帝王は特殊関係人から「カズちゃん」と呼ばれている。マルサと対峙しているのは特殊関係人で、帝王は彼女の後ろに隠れていた。

実施担当　永田さんは繁華街のフィリピンパブAを知っていますか？

帝王　はい知っています。前田さんの経営している店ですよね？

帝王が答えた。威圧感はなく、声も優しく、か細かった。

実施担当　フィリピンパブBは知っていますか？

帝王　武田さんの経営している店ですよね？

実施担当 ところで、お店の確定申告はどうしていますか？

帝王 私の店ではありませんので、知りません。なぜ私に聞くのですか？

実施担当 もちろんフィリピンパブAの店長の前田さんや、フィリピンパブBの店長の武田さんの所にも話を聞きに行っています。C店の吉田さん、D店の三浦さんの所にも同時に調査が入っています。各店の店長さんの話はもちろんですが、経営者である永田さんの話が聞きたいのですが。

帝王 私の話ですか？ 私が経営者とはどういう意味ですか？

実施担当 あなたがフィリピンパブ4店舗を経営しているのではないのですか？

帝王 それぞれの店は、前田さんや武田さんが経営しています。

実施担当 ではあなたは、なぜ店を知っているのですか？

帝王 前田さんや武田さんとは知り合いです。繁華街に出入りしていた頃に知り合って、現在でも付き合いがあります。

実施担当 どのような付き合いですか？

帝王 たまに店に行くこともあります。

実施担当 前田さんや武田さんと、知り合い以上の関係ではないのですか？

帝王 どういう意味ですか？

実施担当　以前、週刊誌にフィリピンパブ4店舗の経営者として紹介されましたよね。何となくそんな話になってしまったのです。記事的に面白いようで、あのような内容になってしまったもので……私も、明確に否定しませんでした。

帝王　記事が事実とは異なるということですか？

実施担当　事実と違います。正直に言います。実は前田さんや武田さんが繁華街に店を出す時にお金を貸しています。

帝王　お金を貸している？

実施担当　はい。私は父親からの相続で少しのお金を持っています。店を出したい人がいると、人づてに私のところにやって来ます。

帝王　お金は永田さんが個人的に貸しつけているのですか？

実施担当　ええ。

帝王　……お金を貸しているなら、利息収入があるはずですね？

実施担当　はい。

帝王　確定申告はどうしていますか？

実施担当　していません……申し訳ありません。

帝王　利息は年間にどのくらいありますか？

帝王　すぐには計算できません。

実施担当　お金を貸した時の金銭消費貸借契約書はありますか？

帝王　あります。

実施担当　利息はどうして申告しないのですか？

帝王　個人的に貸し付けているもので、税務署にはバレないと思っていました。

実施担当　利息収入についても、すべて調べさせてもらいますよ！

帝王は特殊関係人の後ろに隠れながらも、はっきりとした口調で答えていた。旗色がにわかに悪くなり始めていた。帝王の顔からは嘘をついている様子は窺えなかった。

実施担当　金銭消費貸借契約書を見る限り、利息収入だけでも年間で1000万円くらいになりますね。これを申告しないのは問題ですね。

帝王　申し訳ありません。

実施担当　あなたの話が本当か確認させてもらいます。裁判所から強制調査の令状をもらっています。必要な書類は差し押さえますので、ご協力お願いします。

帝王　分かりました。

実施担当　店も店長の自宅も強制調査をしています。後から、やはり店は自分のものです、なんて言わないように最初から正直に話してください。

帝王　正直に話しています。フィリピンパブは私のお店ではありません。お金を貸しているだけです。皆さんから話を聞いてもらえば分かるはずです。

矛盾点を追及していく

さすがに、実施担当総括は海千山千の猛者《もさ》だった。内偵失敗の可能性という態度はおくびにも出さず、利息収入の確定申告漏れに切り替えていた。もっとも、まだ勝負はついていなかった。海千山千の経営者があくまでもシラを切り通すことなどいくらでもある。実施担当総括の心の内は分からないが、少なくとも動揺を伝えることなく調査の主導権を握っていた。実施担当総括の声が響き渡った。

「永田さんから調査協力を取り付けた。徹底して捜索するように。それでは始めてくれ」

捜索開始の合図と同時に、実施査察官の強制調査が始まった。帝王を立ち会わせながら家中を隈なく捜索していく。目ぼしい証拠書類が見つかると、無地の茶封筒に入れて保管場所を鉛筆で記入していく。後で差し押さえ目録を作るための重要な作業だ。

実施査察官は訓練された軍隊のように、一切の無駄口を叩かず黙々と作業を進め、一ヵ所の捜索が終了すると次の場所に移っていく。帝王との会話は査察官全員が聞いていて、昨日、国税局で行われた事件説明との食い違いを理解しているが、口に出さなくても状況を即座に理解し、調査を進めるのが国税査察官だ。

実施担当総括と査察官の二人がペアとなって帝王に繰り返し質問し、供述調書作成のために詳しい話を聞きながら、矛盾点がないかどうかを確認していた。同時に行われている捜索で新たな証拠が出てくれば、その場で更に矛盾点を追及していく。

しかし――。帝王がフィリピンパブの経営者であると裏付ける証拠は発見できなかった。改めて三種の神器の違和感について考えていると、ふと藤沢総括と長内査察官の激論が浮かんできた。思いもよらなかった世界が広がっていた。査察官としての調査経験の違い、ぶつかった事象から想定する調査能力の違いを思い知らされた瞬間だった。

上田　総括、大変です。永田はフィリピンパブの実質経営者ではないようです。

藤沢総括　どういうことだ？

上田　永田は金貸しで、各店舗の経営者は出店資金を借りているようです。

藤沢総括　金銭消費貸借契約書はあったのか？

上田　はい、ありました。貸し付けの返済状況も管理しているようですので、永田の供述に矛盾点は見当たりません。

藤沢総括　そうか……。

強制調査場所から離れて、本部室に陣取る藤沢総括にこっそりと報告した。藤沢総括の声に焦りの色は見えていない。想定外の状況に慌てふためいている上田とは対照的だ。

外書の重要な任務の一つに物見《ものみ》がある。本部室の内偵担当の電話には、調査現場からの報告が直接入らないため、内偵担当は、胃をキリキリさせながら待つことしかできない。外書は最重要強制場所（最も重要な調査現場）に配置されており、調査状況がつぶさに分かるため、本部の内偵担当に調査状況を逐次伝える物見の役目を担っている。

デビュー戦の教え

結局、繁華街の帝王事案は、内偵班にとって惨澹《さんたん》たる結果になった。内偵調査で絶対にしてはならないことは、脱税に関係ない店や事務所に踏み込むことだ。帝王は経営に参画せず、出店費用を貸していただけで、各経営者と帝王が結んだ金銭消費貸借契約書も出てきた。毎月500万円の定期積み金の原資も、元利金の返済であることが判明した。

マルサのデビュー戦は忘れられない事案になったが、帝王は年間1000万円を超える利息収入を申告しておらず、また、各店舗も各々確定申告をしていないばかりか、ホステスの源泉徴収も怠っていたため、マルサが訴えられる事態にはならなかった。

国税の内偵調査の正当性を担保するために、強制調査の結果は裁判所に報告する。内偵調査報告書に間違いがあれば、裁判所との信頼関係を損ね、今後の強制調査令状の請求にも影響を与えかねない重大な問題になる可能性もあったが、この点についても利息収入の脱税をしていたことに間違いはなく、問題化することはなかった。

私の知る限り、強制調査の失敗事例は在職中に3件しかない。他の2件は無記名債券の真実の所有者判断を誤って強制調査してしまった事案だったが、両方とも結果的に申告漏れが相当額あって、マルサが訴えられる事態にはならなかった。

言い方を変えれば、それだけ内偵調査の精度が高いということ。内偵調査どおりの調査結果にはならなくとも、少なくともターゲットの申告には疑問があり、手段や規模が違っても、脱税をしている事実に間違いはなかった。

多少の疑問点があっても内偵調査を進め、勇気をもって強制調査を提案していくのが内偵班の役割だ。後に藤沢総括と「繁華街の帝王」事案について話したことはないが、藤沢総括の心境を察することができるようになるには、これから10年の時を要した。結局のところ、強制調査に入らなければ真実は解明されないのだ。

コラム1　マイナンバーが炙り出した社会保険の未加入問題

税と社会保障の一体改革の目的で導入されたマイナンバー。

2004年の年金改革で「今後100年の年金財政の安心が図られた」と、当時の自公政権は高らかに宣言したが、たった10年で破綻が見え始めた。

原因は恐ろしいスピードで進む少子高齢化だ。社会を支える側の若者が減って、支えられる側の老人が増えているのだから結果は自ずと見えてくる。

年金制度には様々な問題が山積しているが、現在年金を受け取っている65歳以上の人が、現役時の6割強の給付を受けているのに対し、40歳以下の世代が受け取る年金は、経済が成長しても半分強、マイナス成長なら半分以下になるといわれ、この世代間の格差は、年金制度が抱える大きな問題の一つだ。

また、働き方の変化によってフリーランスが増加しているが、この場合、国民年金に加入することになる。しかし、制度の維持自体を疑っている人も多く、国民年金を納めるなら、民間の年金保険に加入したほうが良いとの理由から未納者が増加している。

一方、民間会社に勤めるサラリーマンは厚生年金に加入することになるが、義務があるにもかかわらず加入していない企業で働く会社員は、200万人に上ると推定される。給料から天引きされる厚生年金でさえ、世代間格差があって「できれば払いたくない」と思っているのに、自主納付する国民年金の未納が解決するはずがなく、ついに政府が本腰を入れ、未加入事業者を特定して強制加入させる作戦に出た。

厚生年金に加入させて給与天引きで保険料を納めさせれば、低下に歯止めがかからない国民年金の納付率（約60％）が大きく改善するとの目論見だ。もし、未加入をこのまま放置すると、無年金者が増加し、将来、生活保護の受給者が増加することも想定される。強制加入が、結果として社会保障費の増大に一定の歯止めをかけることになる。

なぜ、厚生年金の加入逃れが横行するのだろうか？　厚生年金は、従業員が5人以上いる個人事業者や法人事業者のすべてが強制加入となる。会社と従業員が給与支給額に応じた保険料を折半して支払う仕組みで、会社は従業員全員の保険料の半分を負担することになるため、保険料が経営に重くのしかかる。

負担を避けるため、故意に加入を逃れている会社も少なくない。未加入事業者とその従業員が納めるべき200万人分の保険料は膨大な金額になる。マイナンバーによって未加入事業者が炙り出され、零細企業が負担に耐えられず倒産する恐れもある。

そして、マイナンバーが意外な業界に飛び火した。

一つ目は、社会保険の未加入事業者が多い建設業界。主管する国土交通省の対応は素早く、その対策として、建設業許可業者（元請け業者）は2017年度までに、100

%社会保険に加入することを目指し、さらに元請け業者は社会保険に未加入の下請け業者と契約しない方針を打ち出した。

二つ目は、ピンク産業やホステス業界。副業で夜のアルバイトをしている女性は、会社に内緒で仕事をしていることが多いが、ホステスの報酬にマイナンバーの記載が義務付けられたため、今後は本名を店に知らせなければならないばかりか、確定申告をする必要に迫られる。税務署から勤務先に副業のアルバイトを通知することはないが、本名を明かしてホステスを続ける女性は少ないようだ。ましてやピンク産業はなおさらだ。

三つ目は、寺院や神社等を運営する宗教法人。一定の年齢に達するとサラリーマンは退職して年金を受け取るが、僧侶などの聖職には定年がないため、年収に応じて支給額が減る厚生年金の仕組みはその働き方になじまない。よって宗教法人の厚生年金加入率は低かったのだが、加入を迫られる結果になった。

第二話　「原発から流れ出るカネ」篇
――張り込みの妙味

ターゲットは特殊関係人（愛人）と家の中にいる！

強制調査と税務調査

マルサの強制調査と他の部署や税務署が行っている税務調査（任意調査）との絶対的な違いは、マルサの調査は単に課税処理では済まない点だ。マルサは脱税犯（刑事罰）の捜査のため、真に脱税の果実を享受した者を追及して、とてつもない時間と手間をかけて調査を進めなければならない。

これに対して課税部の行う税務調査は、少々乱暴な言い方かもしれないが、納税者が修正申告に応じれば、真実と違っていても税金を徴収して清算する場合がある。そのため、資料調査課（リョウチョウ）の賦課した税金より、マルサの賦課した税金のほうが小さいことがよくあるのだが、脱税犯として裁判にかけられるより、税金を支払って済ます道を選ぶのは、ある意味、当然のことだろう。

この章で紹介するのは、会社にとって事業に必要不可欠な支出であるにもかかわらず、社会通念上の理由から会社の経費として認められないばかりか、制裁的なペナルティが課されるため、様々な手段で裏金を作ろうともがいた事案だ。

ペナルティさえ支払っておけば、強制調査をされずに済んだかもしれないが、尻尾を摑まれて強制調査をされた挙げ句、その後10年以上も監視される結果になった事案である。

このあきらめの悪さこそが、マルサが「国税の最後の砦」と呼ばれる所以だ。

この時、上田はマルサに配属されて12年目。丁稚奉公を3年間、末席査察官を5年間経験して、やっとの思いで憧れの三席に昇格して4年目である。第一話では、マルサの男の「失敗談」を語ったが、今回は、長期間の張り込みも厭《いと》わず、強制調査に結びつける内偵班の矜持《きょうじ》と、資金警察と呼ばれるマルサの「武勇伝」を伝えていきたい。

使途秘匿金とキックバック

小田原査察官　上田さん。1994年から使途秘匿金課税が導入されましたが、マルサでも狙える不正取引ですか？

上田　使途秘匿金課税は、基本的に調査部所管の大会社の話だ。それに使途秘匿金は、必要があって資金を使っている。マルサが狙うのは脱税して、私腹を肥やしている奴らだ。

小田原査察官　そうですよね。流出している金ですから脱税とは違いますよね。

上田　会社には表にできない金がある。正しい経理処理だけでは企業活動ができないから様々な手で裏金を作るんだが、よくあるのがキックバック。下請け会社に外注費を水増しして支払って、現金でバックさせるんだ。

小田原査察官　会社も大変ですよね。

上田　下請けはとくに大変だよ。先日、従兄が国税に入られたって言うんだ。親会社に頼まれて資金をバックするために、自社で架空取引をして裏金を作っていた。その架空外注費をリョウチョウに見抜かれたらしい。

小田原査察官　それでどうしたんですか？

上田　国税に正直に話せば親会社との取引がなくなるし、かといって資金をバックしているので、自社で被る納税資金はない。困り果てていたよ。

小田原査察官　大変ですね。親会社に相談するしかないですね。

上田　親会社に相談したら自分で何とかしろと言われたようだ。親会社もさらに川上にバックしているから、自分の不正として被りきるしかないと。

小田原査察官　それって使途秘匿金ですか？

上田　いや違う。使途秘匿金は自社で使った資金の話だ。下請けを使ったキックバックは、自社が傷つかないように裏金を作るための回避策かな。

使途秘匿金とは、会社が支出した資金の中で、法人税の申告期限までに「相手方の住所や氏名、支出した事由を帳簿書類に記載していない支出」をいう。使途秘匿であるから本当は相手を知っていて、あえて記載しなかったのか、本当に知らなかったのかは問わない。また、贈与や供与など、金銭以外の資産の引き渡しも含まれる。

数年前、大手建設会社のこんな記事が世間を賑わした。

「海外で捻出した多額の裏金を国内に持ち込んだ事件に絡み、持ち込んだ裏金3億3000万円のうち2億6000万円を、国税当局に使途を明かさず、使途秘匿金として税務処理していたことが関係者の話で分かった」(新聞記事抜粋)

税率40％の制裁課税で、納税額は約1億円に上った。

この記事で説明すれば、企業は経費にならない支出をしたため、制裁的な使途秘匿金課税をされたが、当局は流れ出たカネの行方は追及していない。これに対して、マルサが強制調査をする相手は、脱税によって私腹を肥やした者だ。

使途秘匿金の例として、バブル期の地上げ対策費がある。立《た》ち退《の》き料の一部や立ち退き交渉の仲介料などを、使途秘匿金として経理処理する場合がある。また、公共工事受注の便宜を図ってもらうためのワイロや談合のための裏金も、受け取った人の氏名を明らかにしない。もちろん資金は足がつかないように現金で支払われる。

会社が本当に知らない相手に多額の金銭を払うはずがなく、国会議員の選挙前で何やら深い闇が燻《くすぶ》っている取引や、裏社会に繋がる者に支払ったカネなど、知っていても帳簿に記載できない取引もある。

使途秘匿金を他の支出と区別し制裁的な税金を課す理由は、このような社会通念上望ましくない支出を排除することにある。制裁的な税金は通常の法人税、法人住民税に加え、秘匿金に40%の税率が課されるため、支出額と同程度の税額が発生する（約90%）。1億円の使途秘匿金なら9000万円近くの税金を負担する重いペナルティを回避するため、架空外注費を計上する会社が出てくる。架空名義の口座に資金を振り込む手段が主な手口だ。

本来、儲かった会社が税金をごまかすために架空経費を計上するのだが、架空外注費を計上しているにもかかわらず、資金繰りが良くない会社がある。社長が脱税資金の運用に失敗したり、遊興費や特殊関係人につぎ込んだケースが考えられるが、いずれにも当てはまらないときは、資金が川上の会社に戻っているのではないかと疑う必要がある。このような取引をキックバックと呼んでいる。

川上の会社とは、ターゲットに資金を振り込んでくる会社のことだ。建設業界では元請けの会社が下請け会社に工事を発注する。そして下請け会社は孫請け会社へ、孫請け会社は更にその下請け会社へ工事を発注していく。あたかも水が上流から下流へ流れていくように工事が下へ下へと下ろされていく。

キックバックはよくある不正スキームだが、1社のダミーを噛ます取引をワンクッショ

キックバックの仕組み

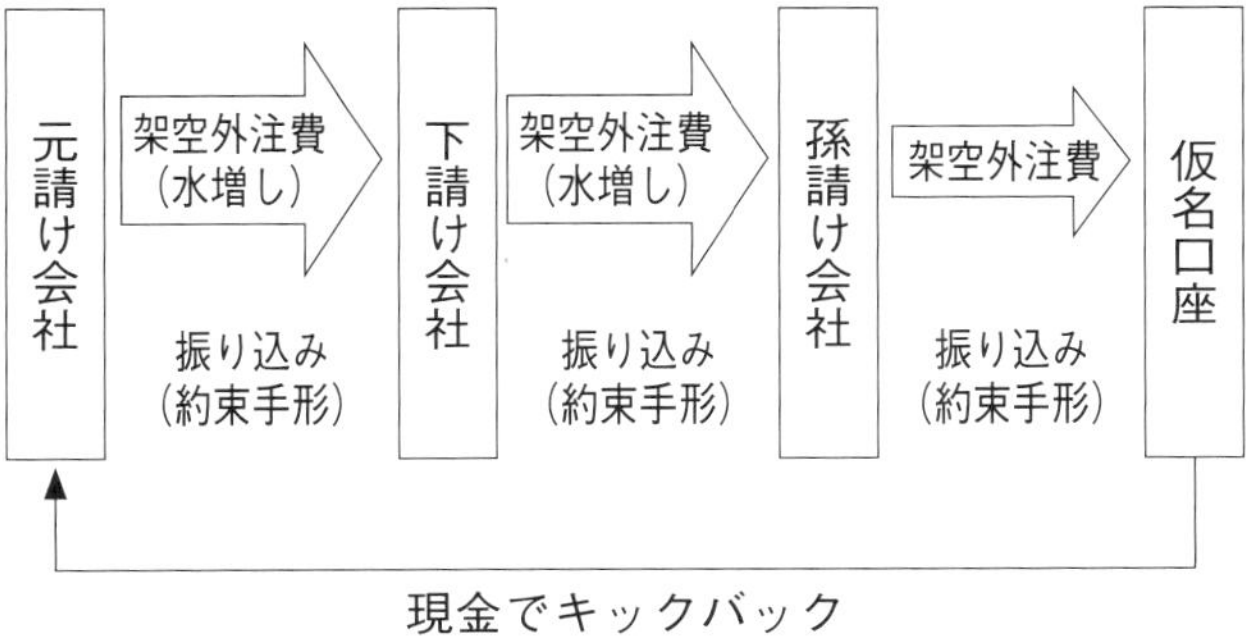

ン、2社を噛ます取引をツークッションと呼び、スリークッションやフォークッションも珍しくない。たくさんのクッションを噛ますことで、税務調査で簡単に見つからないようにしている。

実際の取引では単純なスキームは少ない。税務当局に察知されないように、工事代金に架空代金を加えて（水増しして）振り込み、水増しした資金を更に下流の業者に振り込んでバックさせる。マルサは巧妙に仕組まれた架空取引を、ターゲットにばれないように解明して強制調査に結び付けている。

「脱税者の預金は手に触れれば分かる」

上田がマルサに入った頃は、まだ銀行に仮名預金がたくさんあった。マルサは常に4～5人で銀行調査に入る。このうち2人は現在追いかけている調査先の取引解明だ。強制調査で差し押さえた名刺の銀行に脱税者の預金はないか。社長の手帳にメモしてあった銀行に不審な仮名預金はないか。社長や妻の出身地の銀行に、親族の名義で預金していないかなどを徹底的に調べている。

残りの2人は別の視点で調査を進める。銀行の備付元帳から、全預金者の口座を確認し、口座の動きから不審な預金を洗い出す。先の2人が差し押さえた物件側から調査しているのに対して、銀行にある不審な預金がターゲットに結びつかないかという角度から調査をしている。別方向からの調査によって効率を高めているのだが、不審な預金を抽出している最中に、別の脱税者の仮名預金を見つけ出してしまうことがある。

新米査察官の時代、先輩に「どうして預金の動きを見ただけで、仮名預金と分かるのですか？」と聞いたことがある。その答えは、

「脱税者の預金は手に触れれば分かる。伝票をめくっていれば自然と手が止まる」

だった。これ以上の説明はない。マルサは徒弟制度で、新人に手取り足取り仕事を教えてくれる職場ではない。「先輩査察官から技術を盗め」と言われていたが、手に触れれば分かるようになるには、10年の下積みが必要だった。

経験を積んでいくうち、多くの脱税者を見てきた目が、多くの脱税者の預金口座を調べた感覚が、多くの入出金伝票に触れてきた手が、なんとなく反応してくるのだ。上田の手が「原発から流れ出るカネ」に反応したのも偶然だった。ある信用金庫の調査中、入出金

伝票をめくっていた手が止まった。先輩の言うとおり、触れて分かった瞬間だった。

上田　大きなロット（金額）の出金伝票が動いている。しかも、現金で出金している。

小田原　どの会社ですか？

上田　この会社だけど、出金伝票に金種票（出金する金種を指定する用紙）が付いていない。多額の現金を一万円札だけで引き出している。

小田原　いくらですか？

上田　１５００万円。こんな現金を持ち帰って強盗にでもあったら大変だよね。普通の人は、こんな危険を冒さない。

小田原　確かに変ですね。５日の出金ですから、何かの支払いに充てているはずですが、全部が一万円札だと、支払先が何件もあれば両替しなければなりません。

上田　そういうこと。五千円札や千円札が一枚もなければ、職人に支払う時に困る。だから、出金の際に金種を指定して伝票を書く。１５００万円の出金なら、一万円札１４００枚と五千円札１００枚と千円札５００枚とかね。振り込んでくるのは蒲田建設（仮名）という会社。そして、５日の支払いだから、外注費と考えるのが普通だ。

小田原　職人一人当たり30万円支払っているとすると、１５００万円の出金ですから、50人の職人を抱えていることになりますね。

上田　であれば、全部一万円札では支払う時に困るはずだ。もっとも、日当が１万円なら五千円札や千円札は要らないけどね。

小田原　他の月には不審な出金はないのですか？

上田　前後の月は確認したけど見つからなかった。この店の口座だから、調査すれば他の月の動きが分かる。きっと僚店《りょうてん》（同じ信用金庫の別支店）で出金している。

出金伝票にはゴム印で有限会社セリナ（仮名。以後、セリナ社と呼ぶ）と記載され、社判が押してあった。信用金庫の処理状況から間違いなく現金で支払われていた。

上田　臭う（脱税資金のような）口座だよね。小田原は口座を復元（口座の動きが分かるよう、毎月の入出金明細を作成すること）してくれ。俺は、もう少し古い年に同じような口座がないかどうかを調べてみる。

小田原　わかりました。

この年のチームは、チーフが国税局空手部に所属する畠中主査。空手有段者で同期のトップを走るエースだ。怒ると怖いが、怒らなくてもやはり怖い。もっとも、マルサのチーフに怖くない人物は存在しない。次席に上田査察官。三席がマルサ4年目の小田原査察官。末席は新人の金町査察官だった。

小田原査察官は新婚で、当時は子供がいなかった。マルサの男はよく酒を飲むのだが、彼は酒を一滴も飲めなかった。金町査察官は独身。頑張りが空回りして失敗し、チーフに怒られると頭も身体も硬直して更にミスを犯す悪循環に苦しんでいた。

見事なイナズマ口座

小田原査察官と手分けして信用金庫内の預金口座を徹底的に調査し、次のような事実が判明した。

この店には二つの仮名預金があった。一つ目は、代表者の苗字をカタカナにしたセリナ社。セリナ社は倒産した会社を商号変更しただけの実体のない会社で、倒産後10年間眠っていた口座が、商号変更して動き出していた。

口座は復活した1998年10月から1年5ヵ月間動いてピタリと止まり、この間の入金額は約2億円。振り込み人は、今回ターゲットとなった蒲田建設株式会社だけで、毎月5

日に約1500万円の資金が振り込まれ、振込日に現金で全額を出金していた。

調査の結果、同じ動きをしている有限会社初見工業（仮名）の口座が見つかった。初見工業の口座は、セリナ社の動きが停止した翌月から、まるでバトンタッチするように動き出した。振込人は同じく蒲田建設でほぼ同じロット（1500万円）の資金が振り込まれるイナズマ口座（次ページ上図参照）だった。

出金場所もセリナ社と同様、神奈川県内の京浜工業地帯にある信用金庫の傍店で、初見工業の口座も1年5ヵ月で止まった。この間の入金額は約2億円。セリナ社と初見工業の出金伝票の筆跡は、代表者が違うにもかかわらず同一人物のものだった。

上田は即座に本部（国税局を指す隠語）の統括官に電話を入れ、セリナ社と初見工業の申告状況を調べてもらった。すると、セリナ社は法人税の申告が無く、初見工業は申告しているが、赤字会社で税金を支払っていないことが判明した。これまでの調査状況をまとめると、次ページの下図のようになっていた。

上田　チーフ、こんな口座があります。
畠中チーフ　見事なイナズマだな。2口座か？
上田　セリナ社は復活口座で17ヵ月動きます。入金総額は約2億。そしてセリナ

イナズマ口座の例

（単位：千円）

年月日	取引内容	支払い金額	預かり金額	残高
X年5月5日	振込　蒲田建設		15,000	15,007
X年5月5日		15,000		7
X年6月5日	振込　蒲田建設		16,000	16,007
X年6月5日		16,000		7
X年7月5日	振込　蒲田建設		14,000	14,007
X年7月5日		14,000		7
X年8月5日	振込　蒲田建設		16,000	16,007
X年8月5日		16,000		7
X年9月5日	振込　蒲田建設		15,000	15,007
X年9月5日		15,000		7

資金の流れを矢印でたどると、まるでイナズマの形のように見える

セリナ社と初見工業の比較

会　社　名	口座の 異動期間	入金額	法人税 申告状況
有限会社　セリナ 代表者 世里奈健三（仮名）	1998年10月 〜 2000年2月	約2億円	申告なし
有限会社　初見工業 代表者 初見　誠（仮名）	2000年3月 〜 2001年7月	約2億円	申告あり

上田　社の動きが止まると、今度はバトンタッチするように初見工業が動きます。初見工業も17ヵ月動いて止まり、入金総額もやはり約2億円です。
畠中チーフ　3年間で合計4億円か。大きいな。出金伝票はどうなっている？
上田　ほとんどが僚店で出金していますが、当店にある分は確認しています。すべての資金を一万円札だけで出金しています。しかも、両社の伝票に書かれた筆跡は同一人物のものです。
畠中チーフ　イナズマ口座がバトンタッチして、出金伝票の筆跡が同じなら、架空取引だな。当然、申告状況は確認済みだよな。
上田　統括官に調べてもらいました。セリナ社の申告はありませんが、初見工業は口座の入金額に見合った申告をしているようです。しかし、赤字会社で税金は払っていません。
畠中チーフ　初見工業の後をバトンタッチする会社は見つかっていないの？
上田　すべては確認していませんが、残念ながらこの店には無いと思われます。
畠中チーフ　分かった。すぐに蒲田建設と初見工業が申告している税務署に行ってくれ。両社の申告書を収集して基礎調査を終えたら、本部に戻ってフラッグを掲げるぞ。後の調査は俺と金町で仕上げておくから、小田原と二人で行って来い。初見工業の後をバトンタッチした会社が見つかると面白いな。

いち早くフラッグを掲げる

新たなターゲットが見つかった時のマルサの動きは早い。今日までは別のターゲットを追って、この信用金庫に来ていたが、即座にターゲットを切り替えて蒲田建設の調査に移行する。マルサの内偵班は先取《さきどり》特権だ。真っ先に蒲田建設にフラッグを掲げたチームに、内偵調査の全権限が付与される。

この時ばかりは、日頃苦労を共にし、辛いときには酒を呷って慰め合う同期にも容赦ない。しかも相手は東京国税局の査察官だけではない。マルサの権限は日本全国に及ぶため、日本全国の査察官が狙っている可能性もある。そして、何といってもフラッグを掲げるチャンスは1年間に1～2回しかない。

他のチームが先にフラッグを掲げていれば、苦労がすべて水の泡。自分たちの資料が先にフラッグを掲げたチームに吸収合併されてしまうのだ。こんな端緒にぶつかることはめったにない。税務署に向かう途中、アドレナリンが噴出して興奮が抑えられなかった。

蒲田建設の申告書を見るまで、架空外注費と判断している根拠は、査察官の経験と感性でしかない。申告書を確認して、損益計算書から売り上げ規模や業種、そして外注費の有無を確認しなければフラッグは掲げられない。逸《はや》る気持ちを抑え、蒲田建設の申告書を確認した。税務署で申告書を収集する際には、空いている会議室を借りる。マルサの内偵調査は所轄税務署に対しても秘密で行われる。

上田　いい申告をしているね。最終決算期の売り上げが30億円を超えている。売り上げの規模も毎年伸びている。

小田原　外注費も毎年伸びています。どうやら、セリナ社も初見工業も架空外注費で間違いないようです。両社とも買掛金の内訳に名前が出てきています。

上田　買掛金の内訳に出ていれば外注費で間違いないね。業務内容も面白いよ。蒲田建設は原発関連のメンテナンスをしているようだ。そして、過去の税務調査でも架空外注費を指摘されて修正申告をしている。いわゆる不正の常習犯だ。

小田原　人工《にんく》出し業（手配師）でしょうか？

上田　そのようだね。会社の設備や備品の内訳を見ても、原発業務をするような特殊器具が見当たらない。原発のメンテナンスをするほどの技術を持っている感じもない。恐らく原発関連施設へ作業員を手配している業者だろう。

小田原　それにしても、でかい架空外注費ですね。

上田　今どき特殊技術でも持っていなければ、下請けがこんなに儲かるはずはない。本当のターゲットは恐らく、上だな。

小田原　「上」って何ですか？

上田　川上の会社のこと。ターゲットの川上の、そのまた上あたりが本当のターゲットだと思うよ。調査資料から元請けのゼネコンが見えている。このあたりから流れてくる不正資金なんじゃないのかな。受注工作資金か近隣対策費。原発を新しく作るためにはいろいろなカネが必要らしい。

小田原　政界が絡んでくるかもしれませんね……。

上田　これだけの架空取引を、意図的にやっているのだから全貌は簡単には解明しないだろうな。もし、政界に流れるカネとなると、マルサの内偵調査ではとてもじゃないが、解明できそうもない。

小田原　マルサ十八番の尾行があるじゃないですか？

上田　大変だぞ。口座から現金を引き出した者を尾行すれば蒲田建設に持っていくだろうが、そこから先は容易じゃない。その日のうちに川上の会社にバックするとは限らないから、何日も24時間態勢で張り込む必要がある。

小田原　何日も泊まり込みですか？

上田　いや。一度、蒲田建設に現金を運んでしまえば、誰がどこへ持ち出すのかも分からない。解明するには出入りする人間すべてを尾行しなければならない。過去の調査でも川上へのキックバックを疑いながら、しかたなく蒲田建設に課税している。とりあえず、どこかの段階で課税できれば、使途不明金で制裁的に税金を納めさせることはできる。恐らく納税資金も、川上の会社が負担してくれるだろうからね。

小田原　マルサではやれない（強制調査ができない）……ということですか？

上田　分からない。強制調査をするかどうかは幹部が考えることだ。俺たちにできることは取引の事実を解明して、内偵調査報告書を作成することだ。

小田原　そうですね。やれることをやりましょう！

申告書を収集して本部に戻ると、夜7時を回っていた。すぐさま査察総括第一課長の決裁をもらって査察資料の開示を請求した。資料が開示されるまでは心臓が張り裂けそうな時間が続く。この端緒を得られれば、ドボン（1年間で一件も脱税を発見できずに終わること）を免れるかもしれないと考えると、10分程度の待ち時間が途方もなく長く感じられた。

ほどなく同課の資料管理班から資料が届いた。資料を貰えるということは、まだ誰もターゲットにフラッグを掲げていないという証明だ。晴れて内偵調査の権限が付与された。資料には、マルサが今まで集めた蒲田建設についてのすべての情報があった。

架空取引を証明する補完調査

口座の動きだけでは架空取引の証明にはならない。現段階では口座がイナズマの形をしていたため、架空外注費の疑いが濃いという程度だ。出金の際に金種の指定がないのも、職人全員に一万円札だけで払えるのかもしれない。セリナ社は確定申告をしていないが、単に申告を怠っているのかもしれない。

初見工業は申告をしているため、架空取引と断定するには更なる調査が必要だった。内偵調査は確認だ。セリナ社や初見工業に支払われた資金が架空外注費である事実を、客観的に証明しなければならない。

そのために現金を引き出した人間を突き止め、どんな生活をしているのかを見つめなければならないのだが、セリナ社の口座も初見工業の口座も既に動きが停止している。よって、現金を引き出しに来た者を尾行する手法が使えない。

ヒントは、両社の口座を同一人物が動かしている点にあった。初見工業の代表者は過去にガソリンスタンドに勤務していたが、今は妻の実家のクリーニング店を継いでいることが分かった。ガソリンスタンドもクリーニング店も原発のメンテナンス業には関係なく、この人物は初見工業の傀儡《かいらい》の代表者で、何も知らされず名前を使われた可能性があった。

一方、世里奈健三（仮名）という人物は初見工業から給与を貰っていて、両方の会社に関係がある。見つめるべきターゲットは絞られた。パズルが解けかかっていた。

上田　今のところ、初見工業の口座が停止した後にバトンタッチする架空外注先は見つかっていない。蒲田建設が次回提出する申告を見なければ、使っている会社が分からない。もしかすると、既に架空取引を止めていることも考えられる。

小田原　そうなると調査が難しいですね。強制調査に入ってもセリナ社や初見工業は廃業しているので、関係書類も全部捨ててしまったと主張するかもしれません。

上田　そういうことだ。だから不正が進行している会社に踏み込む必要がある。

小田原　止めていますかね？

上田　分からない。必要額に達すれば早く止めたいと思っているだろうね。いつ税務調査があるかもしれないからね。この金額の架空取引なら、いやでも目につく。

小田原　過去の調査でも架空外注費を指摘されているのだから、なおさらですよね。

上田　こっぴどくやられてもまだやっている。つまり必要があって続けているんだ。

小田原　川上の会社から押し付けられて、仕方なくやっていると思える。

上田　やはり帰属者（不正の本当の主役）は川上の会社ですか？

小田原　そうだと思うよ。だから今でも架空取引をやっている可能性が高い。川上の会社からすれば、蒲田建設は税務調査でも絶対に口を割らず、自分の会社の不正として被ってくれる便利な会社ということだ。

上田　調査に入られても証拠が見つからないようにしているということですか？

小田原　税務署の調査は任意調査だから、これだけの相手では全貌の解明が難しい。しかし、マルサの強制調査となればそうはいかない。隈なく調査すればどこかにミスが見つかる。タヌキの尻尾を摑める可能性があるということだ。

上田　なんとか強制調査に繫げたいですね！

アパートの張り込み開始

世里奈健三は京浜工業地帯の駅から徒歩15分のアパートの2階にひっそりと住んでいた。JR南武線沿線の工業地帯の埋め立てによってできた街で、幹線道路が通り、トラックやコンテナ車が行き交う海際の街だ。アパートの部屋は周囲から見渡すことができ、張り込み場所を変えれば、立ちんぼうでも十分対応できる場所にあった。現場の下見は既に完了している。初日は様子を見るために、上田と金町査察官で張り込んだ。

畠中チーフと小田原査察官は、すべての関係会社、関係人の申告状況の収集に走った。関係者の情報を一気に集め、架空取引の全貌を摑むためだ。

部屋のカーテンは閉じられ、電気も点いておらず、人影も確認できない。

こんな部屋を長時間張り込んでも、周囲から怪しまれるだけでメリットはない。夜の闇に紛れれば、周囲から感づかれるリスクも少ない。一旦撤収して駅前で夕食を済まし、夜7時から再び張り込んだが、10時になっても部屋に電気が点《とも》ることはなかった。

アパートから日帰りで通える原発はないため、世里奈健三が本当に原発で働いていれば、今晩帰ってくる保証などない。効果的でない張り込みが報われることはないため、10時にアパートから撤収した。

翌朝7時から金町査察官が張り込みを開始した。もし、世里奈健三が昨夜10時以降に帰ってきたなら、まだ寝ているかもしれない。張り込みは実績の積み上げがものをいう。昨日の状況を踏まえ、帰宅しないなら何日間帰宅しないのか。一つ一つの事実を積み上げて、そこから見えてくるものから想定を広げていく。そしてターゲットの行動パターンを推理して、短期間で有効な張り込みを行うことが大切だ。

アパートに向かう途中、金町査察官から報告のメールが入った。

金町メール　〈7時現在、部屋に変わった様子はありません。部屋の電気は点いていません。しかし郵便受けには、昨日はなかった新聞が挟まっています。〉
上田メール　〈了解。今、アパートに向かっています。8時頃には到着します。〉

電車の中で返信メールを打った。金町査察官のメールから世里奈健三が部屋にいる可能性が高まった。それにしても、世里奈健三の生活は不自然だ。建築関係の職人なら、交通渋滞を避けるため、朝6時前に家を出て早く現場に到着し、夕方には帰宅するはずだ。
もっとも、本当に原発関連施設で働いている可能性もあり、昨晩、運よく長期出張から帰宅したストーリーも頭に浮かぶ。留守の間は無用心なので新聞配達を止めることもできる。アパートが見えたところで、金町査察官に電話した。

上田　あと5分でアパートに着く。お前、張り込みは初めてだったな？
金町　はいそうです。
上田　いいか、よく聞け。今から俺とお前は他人だ。絶対に直接話しかけるな。必要があるときはアイコンタクトか携帯電話で話せ。

金町　了解しました。

上田　二人だけの長時間の張り込みになる。敵はターゲットだけではない。近所の住民にも気を付けろ。警察に不審者と通報されたら張り込みができなくなる。

金町　了解しました。

アパートに到着しても、金町査察官と携帯電話以外で直接話すことはない。もし金町査察官が付近住民から不審者と見られていたら、金町査察官と話をしている上田も、直ちに不審者としてマークされてしまうからだ。あくまでも知らない者同士を装い、ローテーションによって長時間いる印象を薄め、街の中に溶け込みながらターゲットを待ち続ける。

今日の焦点は郵便受けに挟まった新聞だ。新聞が取られれば、世里奈健三が部屋にいることの合図になる。来《きた》るべき瞬間に備え、午前中は待機することにした。近くのファミレスに入って、時々アパートに新聞を見に行く。これで、一日中の立ちんぼうから解放され、必要な時の体力温存を図ることができた。今日の張り込みは長くなりそうだった。

メモの大切さ

午前中、金町査察官と交互に確認したが新聞は残っていた。朝から粘ったファミレスで早めのランチを取り、金町査察官が四度目にアパートに向かってしばらくすると、携帯が鳴った。何か現場で変化があったようで、頭が急に回転を始める。調査は現場での機転が重要で、刻々と変化する状況に最適な対応策を考えていく。

金町　新聞がなくなりました。
上田　分かった。新聞以外に何か変わったことはないの？
金町　ないと思います。
上田　電気メーターは見た？
金町　まだです。
上田　ちょっと見てみろ。人がいれば分かるはずだ。

電気メーターは貴重な情報源だ。その円盤は、1ヵ所に切り込みが入っていて、回転速度が分かるようになっている。部屋に人がいて電気を使用していれば、勢い良く回っている（夏場にクーラーを使っている時など）。反対に留守の時はゆっくりと回転している。

金町　少し速めに回っています。

上田　よしターゲットはご在宅だな。30分交代で張り込もう。今から向かうから、何かあったらすぐに電話をくれ。

金町　了解です。

ローテーションをしながら世里奈健三の部屋を見つめたが、夕方まで動く気配はなかった。畠中チーフの指示で徹夜の張り込みが決まり、日が落ちる頃、小田原査察官が国税局から特殊自動車を運んできた。部屋には電気が点っているが、ターゲットが動く気配はなかった。結局、朝まで動きはなく、早朝に配達員が新たな新聞を運んできた。

当時、特殊自動車の配備は1台しかなく、各内偵班が予約して使用していたのだが、夜間は空いていたため、急遽、翌日予約している班に頼み込んで特殊自動車を借りていた。そのため、小田原査察官が朝までに国税局に返却に行かなければならず、再び上田と金町査察官のローテーションでの張り込みが始まった。

そして、朝10時過ぎに新聞が取られた。それからの世里奈健三の動きは早かった。10時30分、手ぶらで部屋から出てきて、駐車場に止めてあったパジェロミニに乗り込むと、海の方向に車を走らせた。アパートから海に向かうと大きな幹線道路が走っていて、高速道路にも繋がっている。車がないため追跡できず、黙って見送るしかなかった。

一昨日、パジェロミニは確かに駐車場になかった。張り込み初日にアパートにあった車はメモしてあった。上田がアパートの駐車場に入って、車種とナンバーを電話で報告し、金町査察官がファミレスで記録していた。こうすればアパートの住人から見ても、単に駐車場で電話をしているようにしか見えない。マルサの張り込み術の一つだ。

張り込みで大事なことは、記録を残すこと。とにかく、何でも気づいたことをメモしておくため、ポケットサイズのメモ帳が査察官の必須アイテムだ。後になって「あれ？　どうだった？」では済まない。パズルを解くキーはどこに隠れているか分からない。時間を戻すことはできないのだ。

例えば、張り込み中に訪問してきた銀行員がいれば、そのバイクのナンバーをメモしておけば取引銀行が分かる。出前のラーメン屋がくれば室内の人数が分かる。配達してくる新聞店が分かれば、表札の出ていない部屋に誰が住んでいるのかが分かる。

部屋は主を失って静まり返っていたが、いつ帰ってくるのかは分からない。もしかすると明日まで帰らないかもしれないし、1週間帰らないかもしれない。この状況でアパートにへばり付いていても、有効な張り込みとは言えなかった。

アパートの張り込みを中断し、再び待機に入った。夕方には特殊自動車を準備して、小田原査察官が運んでくる手はずになっていた。今日も徹夜になるかもしれないため、再びファミレスに戻った。昨日から何度、ここに来たのだろう。従業員が「いらっしゃいませ」と言いながら、訝《いぶか》しげな顔を一瞬覗かせたのを見逃さなかった。しかし、ここを拠点に張り込む以外の選択肢はなかった。パジェロミニの帰館をひたすら待った。

ふしぎな釣り道具

上田たちはファミレスで「不審者」を続けた。不審者はドリンクバーを頼んで、30分おきに一人が出ていってはすぐに戻ってきた。戻ってくると、また何かを話して30分黙り込む。そして、次は別の一人が出て行ったかと思うと、再び戻ってきて黙り込む。こんな行動を何度繰り返したのだろう。

いつしか夕方になり、ドリンクバーで粘り続けるには限界が近づいていた。午後6時にはファミレスを出てアパートに向かい、応援部隊が到着するまで立ちんぼうを続けた。金町査察官とは常に一定の距離を保っていた。アパートの電気は夕陽に溶かされながらも、点灯していることがはっきり分かった。駐車場にはパジェロミニが止まっていた。

上田　思ったよりご帰館が早いな。

金町　びっくりしました。こんな時間に帰ってくるとは思いませんでした。

上田 そうだな。一昨日同様、10時を過ぎなければ帰らないと思っていたよ。現場から離れなくて正解だったね。

金町 5時30分には車がなかったので、その後に戻ってきたということですね。どこに行っていたのでしょうか？

上田 そこが一番知りたいところだけど、まさか本人に聞くわけにもいかないし。本部には、俺から状況報告をしておく。

金町 了解しました。

電話で話しながらパジェロミニに近づき、ふとトランクルームを見ると、釣り竿が2本積んであった。リールがついていて、岸壁からの釣りにはちょうどよい竿に思えた。

上田 今朝、パジェロミニを見た時、トランクルームは見た？

金町 いいえ、ターゲットの車だということも分かっていませんでしたので。

上田 そうだよね……釣り竿が2本積んであるんだけど、どう思う？

金町 海が近いからいつでも行けるように積んでいるのではないでしょうか？

上田 そうだよな。まさか日中に釣りをしていた訳じゃないよね。

金町　そんな都合の良い行動をしてくれると助かりますね。

上田　でも時間的に考えると釣りにはちょうどいい。それにターゲットがB勘屋（第三話で詳述）なら暇なんじゃない？　釣り三昧も、あながちない話ではない。

曖昧な記憶を辿りながら昨晩の状況を思い出していた。駐車場は1階で2階から住居になっているため、ナンバーは暗くてよく見えない。しかし、パジェロミニのトランクルームだけには、街路灯の光がうまい具合に差し込んでいた。記憶の中に昨晩の光景がぼんやりと浮かび上がってきた。「釣り竿は積んでなかった」と上田は呟いていた。

もし、釣りに行っていたなら、セリナ社も初見工業もペーパーカンパニーで、銀行口座を動かしていることの証明になる。なぜなら、月額1500万円の工事を請け負う会社の社長が、日中に釣りをしているはずはないからだ。

2口座の停止期間に使ったルート

しかし、セリナ社と初見工業の口座は停止したまま動く気配はなく、進行中の架空取引は見つかっていない。逆に言えば、世里奈健三が何らかの理由で会社を畳んで失業中と考えれば、日ごろ釣りをしていることも不自然ではないとの考えも成り立つ。

——ネガティブな思考は不要だ。世里奈健三が介在した不正は3年間であえて停止したもので、必ず同様の不正取引が復活すると予測していた。蒲田建設は税務調査をあざ笑うかのように、調査が終了した翌月からセリナ社の口座を動かしていたからだ。

そして、短期で廃業して税務署の目を欺き、もし、調査で追及されても傷を最小限にとどめる工作をしているものと思われた。セリナ社からバトンタッチした初見工業は、確定申告していたが、何の前触れも無く廃業した。

初見工業の売り上げは、廃業の前月にも1500万円もあって、何か仕事上で致命的な失敗でもなければ、突然の廃業は考えられない。調査が及ばないよう傀儡の代表者に申告をさせ、短期間で廃業したと考えるほうがはるかに合理的に思えた。

見つかっていない不正ルートも、巧妙な手段で行われている。必ず新たな世里奈健三を使った不正が行われている。そんな確信があった。そして、新たなルートを解明することによって、見えていない部分が浮かび上がってくるものと判断していた。

今は待つしかなかった。それがパズルを解明するキーに近づく最短経路で、そのキーマンが世里奈健三だ。蒲田建設の次の確定申告が提出されれば、そこに必ずヒントがあるはずだった。チームは4ヵ月後の確定申告を待って再び情報収集をすることにした。

浮かび上がった新ルート

蒲田建設の新たな申告書が提出され、記載内容から不審な会社が浮かび上がった。有限会社鳶鷹《とびたか》工業（仮名）。代表者は世里奈健三だ。思ったとおりの展開で、すぐに銀行調査の準備に入った。鳶鷹工業の口座はメガバンクにあって、初見工業の口座が停止して９ヵ月後に動きだし、毎月のロットは１５００万円だった。

小田原　ヨミどおりに行きましたね。出金伝票も世里奈健三の字で間違いありません。

上田　見事にはまったね。これで初見工業の架空外注費が証明できる。

小田原　セリナ社も初見工業も新ルートの鳶鷹工業も、健三が口座を動かしています。

上田　取引額も毎月１５００万円だ。初見工業の口座が停止して鳶鷹工業の口座が動き始めるまで９ヵ月ある。この間にも、どこかに架空外注費をくわえこませる必要があるね。

小田原　今までの調査で該当する会社は見つかっていません。

上田　きっと健三を使ったルートではないんだ。９ヵ月間だけ実際の取引を水増しして外注費を振り込み、キックバックしているケースが考えられる。

小田原　蒲田建設の正規の外注先は30社以上あります。どうやって絞り込みますか？

上田　不正ルートが見つかっていない9ヵ月間に、月額1500万円の売り上げが伸びている会社を探せばいいんじゃないか？

小田原　すべての会社の申告書を取り寄せて洗ってみますか？

上田　全社を収集しなくても大丈夫だよ。ある程度の規模でなければ1500万円もの架空取引をくわえこめない。この間、健三を使った架空取引は見つかっていないから、恐らく正規取引先の1社を使って外注費を水増ししたのだろう。

小田原　1500万円の架空取引を隠せる森（1500万円の水増し取引をしても不自然ではない規模）を持った会社ということですね。

上田　そういうこと。

小田原　それなら2〜3社に絞れます。そして蒲田建設の命令を何でも聞く会社。

上田　そのとおり。蒲田建設がメインの売上先となっている下請け業者。

小田原　それでしたら……有限会社原発メンテナンス（仮名）しかありません。

上田　そうだよな。おぼろげながら尻尾が見えてきたね。原発メンテナンスの売り上げはこの間、大幅に伸びている。銀行調査に入って蒲田建設からの振込額を確認すれば、何か見えてくるんじゃないか？

小田原　早速、銀行調査の準備をします。

上田　面白くなってきたね。不正加担をするならここだと張り込んでおいて正解。

小田原　ですね。原発メンテナンスの社長は外注費が振り込まれると、必ず蒲田建設に寄っています。普通に考えて、おかしな動きですよ。

原発メンテナンスの法人税の申告書を分析すると、月別の売り上げが、初見工業の口座が停止した後に1500万円増加し、鳶鷹工業が稼働すると元の規模に戻っていることが判明した。これで脱税方法の解明ができたが、本当の勝負はここからで、架空取引の果実である「タマリ」を見つけ出さなければならなかった。

「タマリ」は真実の脱税者を明かす

「タマリ」（蓄積した裏金）は真実の脱税者を示す道標となる。高級クラブなら、表の経営者は確定申告しているママでも、儲けは陰のオーナーが吸い上げるケースがある。

どのような手段で脱税をしても、果実の不正資金が必ずどこかに溜まっていく。タマリは預金（仮名預金、借名預金）だったり、株式投資だったり、FXだったり、金投資だったりと人によって様々だが、近頃のトレンドは外国へ資産を逃す資産フライトで、多くの資金がタックス・ヘイブン（第四話で詳述）へ逃れていく。

もし、内偵調査が察知されると、脱税の重要物証であるタマリを手の届かない場所に疎開されてしまうかもしれない。その多くは現金や金の延べ棒となって隠されているのだが、土中に埋めたり、壁に塗り込めたりしたタマリは簡単に発見できるものではない。

よって、内偵調査は絶対に脱税者に察知されないように慎重に進める。相手にバレないように大口・悪質の脱税を暴いていくため、内偵調査は時間がかかる。映画やドラマのシーンでは、マルサの男たちが隠し部屋やプールの底に沈めた金塊を捜し出している姿が描かれているが、実際にはもっと現実的な場所に隠されている。

タマリで一番多いのは、なんといっても現金だ。金融商品は足がつきやすい。金塊も多いが、2012年に導入された金地金等の譲渡の対価の支払調書制度の導入（金地金の譲渡対価が200万円を超えると税務署に把握される）によって減少傾向だ。高価な宝石類や絵画の裏取引もある。絵画や宝石を裏金で買えば、購入者は裏金を資産に変えることができ、美術商や宝石商はその売り上げを除外することが可能で、需要と供給が合致している。

現金の隠し場所は様々で、天井裏や畳の下、ビニール袋に入れてトイレの貯水タンクの中に沈めるなどは常套手段。税務署の調査官も必ず確認する、基本的な隠し場所だ。

保管場所で最も注意することは、盗難と火災だろう。トイレの貯水タンクなら火災になっても焼失しない安心感があるが、泥棒も必ず確認する場所の一つのようだ。よって、自宅に保管する場合、耐火式の金庫が最も多い。

最も安全な保管場所は銀行の貸金庫だろう。盗難や火災の心配がなく、税務署に突然踏み込まれても、貸金庫の鍵さえ見つからなければタマリを把握される可能性が少ない。

ここで、マルサ在籍中に経験した、思い出に残るタマリの隠し場所を紹介しよう。

◎高級クラブの貸金庫

ターゲットは高級クラブのママ。張り込みによって貸金庫を把握したが、ママが毎日、通っていることが判明した。さらに調査を続けると、この銀行に7つもの貸金庫を借りていることが分かった。

貸金庫は2年ほど前から、3ヵ月ごとに借り増ししている。ターゲットは水商売で現金商売だ。貸金庫の中身は現金と睨んだが証拠はない。しかし、必ず現金が隠してあると裁判官を説得し、強制調査令状を取って踏み込んだ。

マルサの男の経験に裏打ちされた勘だけが頼りだが、勘が外れれば、善良な納税者に強制的に踏み込むことになって大問題だ。結果は想定どおり、7つの貸金庫に各々3000万円、合計2億1000万円の現金がぎっしり詰まっていた。

◎レンタル倉庫

美術品のレンタル倉庫に現金を隠していたケースもあった。強制調査によって美術品のレンタル倉庫のキーを発見した。倉庫の場所は東京からはるか離れた博多だが、重要物証が入っている可能性がある場所は、その日のうちに確認を取らなければならない。倉庫は本人がキーを持参しなければ絶対に開錠しない規約となっていたため、博多を管轄する福岡地裁で追加の強制調査令状を取って踏み込んだ。その日のうちにどこへでも飛び、必要な調査を行うのがマルサの機動力だ。

令状を執行して部屋を開けさせると、美術品の保護のために空調を効かせた3畳ほどの部屋に、段ボール箱が無造作に10箱積み上げられていた。箱を開けると、中には100万円ごとに輪ゴムで留めた現金が詰まっていた。輪ゴムで留めた現金は、脱税した裏金の可能性が高く、税務の世界では「ゴム止めの現金」と呼んでいる。一箱に1億円。総額10億円だ。20人の査察官全員で朝までかかっても数えきれない膨大な現金だった。

◎100億円が眠ったロッカー

地下室に100億の現金が隠されていたケースもあった。あるところにはあるもので、強制調査に踏み込むと、地下室に作られたフィットネスルームのロッカーに、無造作に

100億円の現金が入っていた。現金は給料袋に入ったままのものもあったが、その多くは聖徳太子の一万円札だった。聖徳太子の一万円札は、1986年に支払い停止となり、1984年からは、福沢諭吉の一万円札が流通している。踏み込んだのは2005年。租税時効は7年のため、現金を溜め込んだ時期が1998年より前だった場合、時効が成立する。結局、時効が成立していたため無罪放免となった。

脱税の手段（脱税方法）があれば、タマリは必ず存在する。よってこの両輪が見つからなければ、脱税手段が見つかっても推定の域を出ず、もしくは真実の帰属者（実際に脱税によって利益を得ている者）が、別に存在する可能性が残るため、強制調査の許可は下りない。だから、タマリの発見のために長期間の張り込みを行うのだ。

しかし、今回はカネが川上の会社にキックバックされているため、蒲田建設に大したタマリは存在しないものと思われた。つまり、本当の脱税者は蒲田建設ではなく親会社である可能性を感じながら、蒲田建設のタマリを見つけ、強制調査に繋げなければならない。

キックバックをして申告を被っている場合の手数料は、架空取引額の20～30％が相場で、蒲田建設にも手数料相当額の脱税は見込まれた。そして、なんといっても事案の面白さは、蒲田建設に踏み込むことで見えてくるかもしれない深い闇の世界にあった。

ヨミは当たった！

どんな手段で脱税しても必ずどこかに資金が溜まる。

しかし、今回の「タマリ」は、蒲田建設の周辺には無いはずだ。想定では不正資金は下請け業者のセリナ社や初見工業から現金で回収され、川上にバックされているはずだ。川上の会社を通さず元請けのゼネコンに直接バックしているかもしれない。これだけ多額の不正取引だけに、かなり仕組まれたスキームが考えられ、税務署の調査では決してバレないようになっているはずだ。

不正資金の動きを確認するため、再び、世里奈健三の張り込みが指示された。引き出すのは毎月5日、資金が振り込まれる当日だ。ターゲットの几帳面な性格を証明するように、毎回11時に現金を引き出しに来る姿が防犯ビデオに映っていた。

張り込み当日、午前10時40分、ターゲットが銀行方面に向かったとの連絡が、アパートの張り込み部隊から入った。姿を直接確認している上田と金町査察官は銀行で待った。

11時3分、パジェロミニがゆっくりと駐車場に入ってきた。運転者は間違いなくターゲットだ。野球帽を被り、ポロシャツにジーンズを穿《は》いたラフな格好をしていて、これから仕事に行く様子はない。

現金が払い戻されるまで20分ほど待たされる。ターゲットがまっすぐ蒲田建設に行く予測をたて、査察官を配置していた。駐車場に特殊自動車を配備し、予測に反して蒲田建設に向かわない場合、行く先を突き止める準備も怠らない。この日の張り込みは、部門全員の応援を貰っていたが、配置された査察官全員が緊張していた。内偵調査は常に予測と確認だ。相手の次の行動を推測して、必要な場所に予め査察官を配置する。

20分が経過し、紙袋を抱えたターゲットが携帯電話で話しながら出てきた。出金額は後日の銀行調査で伝票を見れば分かる。今日の目的はカネをどこに届けるのかを確認することだった。パジェロミニが駐車場から出ると、すかさず特殊自動車が追った。

蒲田建設までは、私鉄の駅を迂回して幹線道路が通っているために車では10分かかるが、商店街を徒歩で突っ切ると15分だ。銀行に張り込んでいた査察官が、小走りで一斉に蒲田建設へ向かった。上田が蒲田建設に到着した時、パジェロミニが走り去っていくのが遠目に見えた。停車していた時間は、ほんの2～3分だろう。

上田　もしもし上田です。どんな様子だった？

平久保　パジェロミニの到着前に社員が玄関から出てきた。車が到着すると運転手が紙袋を渡してすぐに走り去った。滞在時間は20秒程度だ。

上田　そういえば銀行から出る時に誰かに電話をしていた。何色の紙袋？
平久保　赤。
上田　間違いなく銀行の紙袋だ。現金のバックが確認できれば架空取引は固まるな。
平久保　おめでとう。ヨミどおりだったな。

だが、張り込みはこれでは終わらない。知りたいのは、紙袋を受け取った社員がどこへ持っていくのかだ。全員が蒲田建設の近くに集まっていた。畠中チーフが今後の張り込み計画を立て、紙袋を受け取った社員の行動を徹夜でマークする指示が下りた。紙袋の男を見た査察官を中心にローテーションが組まれた。

午後9時10分に蒲田建設の電気が消え、紙袋の男は会社から車で真っすぐ帰宅した。そして、朝まで外出しなかった。紙袋の男は、後日、社長の息子と判明した。

蒲田建設に運び込まれた現金について2通りの考えが浮かんだ。一つは現金を受け取った男以外の者が既に現金を持ち出し、川上の会社へ届けてしまった。もう一つは今日以降、誰かが現金を届けるパターンだ。

後者を確認するには重大な壁が立ちはだかっていた。いったい誰が現金を届けるのか？川上の会社から現金を取りに来るケースはないのか？　いつ行動するのか？　既に現金はバックされているのか？　不確定要素が多く、張り込みを続けるにはリスクが大きすぎた。一旦、張り込みを中断し、再度の張り込みが決定した。勝負は1ヵ月間お預けだ。

カネはいったい誰のものなのか？

1ヵ月後、再び部門全員の応援をもらって、アパート、取引銀行、蒲田建設前に査察官を配置した。現金の引き出しは通帳と印鑑があればどこでもできる。よって不在の場合、布陣を変えなければならず、前日に世里奈健三の在宅とパジェロミニを確認してあった。

銀行で現金を引き出した後、パジェロミニは真っすぐ蒲田建設に向かった。今回も事前に連絡が入っていた様子で、中から社長の息子が出てきて、車のドア越しに紙袋を受け取り、数秒の会話の後、車は走り去っていった。

社長の息子が銀行の紙袋を受け取り、追跡してきた乗用車が再びパジェロミニを追っていった。今回は長期戦に備えて2台用意していた。1台は特殊自動車で、もう1台は普通の乗用車だ。同じ車が長時間止まっていると警戒されてしまうため、交代して張り込む。

1時間後、追跡から戻った乗用車が背後から近づくと、追い出されるように特殊自動車が走り去った。こうしてベストポジションを他の車に奪われることなく、同じ車がずっと止まっている印象を消し去るのも張り込み術の一つだ。世里奈健三がどこにも寄らずアパートへ帰ったとの報告があった。

そのまま何事もなく時間が過ぎ、蒲田建設の電気が消えて退社時間になった。社長の息子は今回も外出することなく、自宅に帰っていった。二度目の張り込みでも現金を受け取った後、どこにも出かけない息子の役目はカネを受け取るだけの可能性もあった。

張り込みは半分成功し、半分失敗した。鳶鷹工業の口座に振り込まれたカネは架空取引だという確信は持てたのだが、カネはいったい誰のものなのか？ 蒲田建設のものなのか？ 川上の会社のものなのか？ 更に上流へ運ばれていくのか？ 何度張り込みをしても解明できる保証はなく、この時点で内偵調査報告書を作成する覚悟を決めた。

内偵班と実施班の喧嘩

内偵調査報告書ができ上がると、強制調査に入るための検討会が開催される。検討会の出席者は査察部長、査察部次長（情報担当）、査察部次長（実施担当）のほか、査察管理課長、査察総括第一課長、査察総括第二課長、資料情報課長、査察審理課長と査察部の重鎮が並ぶ。そして内偵班と実施班が対峙して激論を交わす場が査察立件検討会だ。

内偵調査報告書は検討会開催の前日に出席者全員に配付され、各自が事前に読み込んで内容を理解してから検討会に出席する。調査のプロとプロのプライドをかけた対決で、マルサの首脳陣が強制調査の可否をジャッジする重要な場だ。

そのため実施班は報告書を熟読し、内偵班の弱い部分を抽出して容赦のない質問を浴びせる。内偵班は自分の調査が正しいことを主張し、実施班は内偵班の矛盾点を追及する。内偵班は6ヵ月以上もの調査をしているために必死だ。そう簡単に検討会で振り落とされる訳にはいかない。

実施班も必死だ。事案を引き受ける（嫁にもらう）と、強制調査で押収した調査資料を分析し、脱税犯として検察官に告発していくのだが、この期間は短くて6ヵ月、長い場合は2年にも及ぶ。筋の良くない（内偵調査に弱い部分のある）事案を引き受けると、告発できず苦労するばかりになる。

マルサが強制調査に着手すると、たとえ告発できなくても、正しい調査額を算出しなければならない。調査額を算出するには膨大な資料の分析時間が必要だ。ところが告発できない事案は「流し事案」と呼ばれ、実施班の評価は低い。マルサは一罰百戒のために脱税犯として告発するのが目的で、課税処理（税金を賦課するだけ）で終わるなら課税部に任せておけば良いという考えも根強いのだ。

検討会がいかに真剣勝負であるかを表すエピソードがある。上田がマルサに入って2年目、査察管理課に在籍していた時の出来事だ。

強制調査に着手すると、今まで聞けなかった話や証拠が集まるため、本当の結果が見えてくる。強制調査の初日が終了するのは、翌日の明け方4時頃になる。

ある日の午前3時に、国税局の廊下で大喧嘩が始まった。強制調査が一段落した後の打ち上げでのこと。廊下に大きな声が響き渡ったため駆けつけると、エレベーターホールで内偵担当「マルサの暴れん坊」長内査察官と実施担当「切り込み隊長」志摩主査が、互いの部門の査察官に押さえ込まれて睨み合っていた。志摩主査の口からは血が流れ、暴れん坊のシャツはボタンがちぎれてはだけていた。

長内査察官は前章で紹介したが、小柄で痩せ形だ。対する志摩主査は強烈な風貌で、志摩主査と脱税者が対峙していると、ほとんどの人は志摩主査を脱税者だと勘違いするほどだ。大柄で恰幅が良く、強制調査では常に最前線に立つ実施の有名人である。

二人の間に査察官たちが割って入ったが、腹の虫が治まらないらしく、まだ言い争っていた。原因は実施の切り込み隊長の発した、こんな不用意な一言だった。

志摩主査　お前ら！　内偵調査報告書にウソばかり書きやがって！

長内　……テメーらのガサが悪いんだ。脱税者から本当の供述も取れずに言いがかりをつけるんじゃねーっ！

志摩主査　お前らが絶対にあると言ったタマリは、いったい何処にあるんだ！

長内　タマリは必ずある。それを捜すのがテメーらの仕事だろう？

その日の事件は、内偵調査どおりには上手くいかず、志摩主査の言葉にマルサの暴れん坊が即座に反応して殴りかかり、取っ組み合いになった。喧嘩を擁護するつもりはないが、これほど真剣にプライドをもって仕事をしているのが、マルサという特殊部隊だ。

話を元に戻そう。調査のスペシャリストが集まる検討会で嘘は通用しない。蒲田建設の脱税事件として内偵調査報告書を作成しているが、真の脱税者は蒲田建設ではない。

それでも、蒲田建設の取り分もあって、代表者が競馬や競艇、オートレースで使った2000万円、温泉地のリゾートマンションや避暑地に購入した別荘、愛人に注ぎ込んだ裏金を積算すると、9000万円に達していた。

しかし、狙いはあくまでも川上の会社だ。5億円を超える架空外注費のほとんどの行方は摑めておらず、脱税の実行行為者も真の目的も摑めていなかった。ただ、不正資金は原発から流れ出て、行き先によっては大きな犯罪に繋がっている可能性があった。

実施幹部　架空外注費は分かった。しかし、お前ら少し汗のかき方が足りない（努力が足りない）んじゃないか？　踏み込んでからバックした相手を解明しても遅い。裁判官から追加令状をもらってからでは、証拠は消されてしまう。真のターゲットを解明してから強制調査を行うのが筋だろう？

上田　張り込みにも限界があります。不正加担している世里奈健三が鳶鷹工業の口座から現金を引き出して、蒲田建設に届けた事実は確認しています。しかし、現金が蒲田建設に持ち込まれてしまうと、誰が運び出すのか分かりません。二度張り込みをしましたが、同じ動きをしています。

実施幹部　二度では足りない。三度も四度もやって、毎日の代表者の動きを追っかけて真実を確認しろ。この事案を受け取る実施班の苦労も考えろ。内偵班でやれることを全部やって、その結果を見てから着手するかどうかを判断する。

情報幹部　何日間、張り込めば納得してくれます？

実施幹部　……少なくとも1ヵ月だな。毎日、1ヵ月間徹底して張り込めば、何かが見えてくるかもしれないね。

情報幹部　分かりました。1ヵ月間、張り込みをさせましょう。

マルサの内偵部門は部門単位で組織されているが、各部門を統括するグループ制を採っている。経験の長い統括官が自分の部門を含めた4つの部門を管理し、早急な処理が必要な事案や手間の掛かる事案を互いに補助するのが目的だ。

蒲田建設には1ヵ月間、毎日、朝7時30分から夜9時まで張り込みをする指示が下った。一つの部門でやれる仕事量ではない。グループ長が指揮して、午前7時30分から午後2時まで張り込む組と午後2時から9時まで張り込む組に分け、担当班を割り振ってくれた。もちろん、上田のチームは毎日張り込みだが、それでも半分で済むのはありがたい。

1ヵ月間、蒲田建設の代表者と原発メンテナンスの代表者を徹底的に張り込んだが、結局、川上の会社との接触は摑めなかった。並行して行った世里奈健三の張り込みでは、仕事をしている様子は見られなかった。

世里奈健三は、ある時はパジェロミニで出かけた喫茶店で半日を過ごし、ある時はショッピングセンターで買い物をして過ごした。また、ある時は防波堤で、一日中、釣りをして過ごしていた。世里奈健三の行動は架空外注費の証拠として記録した。

秘密の部屋が戦場となる

1ヵ月の張り込みを経て、やっと強制調査の許可が下りた。強制調査は内偵調査で摑んだ蒲田建設のあらゆる関係場所に一斉に調査に入る。裁判官の発布した強制調査令状は強力で、たとえ留守でも警察官を立ち会わせ、鍵を開けて突入していく。そのため社長が居留守を使って隠れていて、部屋で見つかるということもしばしばある。

強制調査の指揮を執るのが本部室だ。内偵担当査察官は本部担当（本部詰め）となる。最も長くターゲットを見つめてきた者として、当日起こりうる不測の事態に備えているのが、本部担当査察官の役目だ。

千代田区大手町にあった東京国税局（現在は中央区築地に移転）の3階には、査察部関係者以外の入室が許されない部屋があった。部屋は国税局1階の案内板にも3階の廊下にも表示がなく、使用していない時には常に施錠してある秘密の部屋だ。これが本部室となる。

本部室は強制調査の当日、脱税事件の規模によってレイアウトされ、強制調査の一切を取り仕切るメンバーが集まる。メンバーは、実施班から数名の実施担当統括官。そして、内偵班からは、担当統括官1名と担当総括（チーフ）主査及び2名の本部担当査察官。

実施担当統括官は強制調査現場から、刻一刻集まってくる情報を取りまとめ、調査現場に指示を飛ばす。内偵担当統括官は銀行調査部隊の情報を一手に引き受ける。各調査現場からの連絡を受けるため、6本の臨時電話回線が引かれる。本部詰め査察官の役目は調査現場から集まる情報をホワイトボードに書き出すことだ。ホワイトボードに現場の状況を記録し、情報を一元化して調査全体の進行を管理している。

電話を受けた統括官は、要点を整理して内容を大声で復唱する。復唱がこのように書けという指示になっているため、報告が重なると怒号渦巻く空間に変わる。電話する統括官とアイコンタクトを取りながら怒声を拾いあげ、的確に書き出すことが本部詰め査察官の腕の見せ所だ。しかし、以心伝心が上手くいかない場合もあって、統括官の怒声が徐々にヒートアップしていく。まさに戦場だ。

関係者の質問調査が始まると、内容が逐一本部室に報告され、関係者全員の供述を一元管理する。そして、関係者間の話に矛盾があると現場に情報をバックする。そのため社長がどんなにがんばって脱税を否定しても、経理担当者や脱税請負人が落ちてしまえば万事休す。もはや言い逃れはできない。

着手時間の本部室は重苦しい緊張感に包まれる。誰も声を上げる者はいない。そのころ現場では初動調査をしている。調査場所にターゲットはいるのか？　別の人間がいた場合、それは誰なのか？　脱税をしているのか？　していないのか？　脱税の認識があるのか？　ないのか？　初動段階の関係者の供述を聴取してから本部室に報告をしてくるのだ。

着手後20分、電話が次々に鳴って、調査場所からの報告が上がってくる。実施統括官が報告内容を復唱し、本部詰め査察官にホワイトボードへ書けと命じる声が鳴り響く。

本部統括官　1番、8時着手、代表者捕捉。脱税はしていない。

現場から報告を受けた統括官の復唱の声だ。この短い言葉で、全員が「場所番号1番で、8時に強制調査に着手した。ここで代表者を捕まえている。代表者は現段階では脱税を認めていない」ということを理解する。そのため、書き間違いをすると、統括官から「違う。どこに書いているんだ。お前は何年査察官をやっているんだ」と怒鳴り飛ばされる。

報告の電話が一斉に鳴れば、次第に統括官の声も大きくなり、本部室は電話の着信音と統括官の復唱と現場への指示の声が入り交じり、喧々囂々《けんけんごうごう》とした狂乱の渦に巻き込まれる。調査場所が多ければ多いほど混乱が大きく、狂乱が長く続く。ようやく静けさを回復するのは2時間程度が経ってからだ。

上田はそんな本部室の興奮が大好きだった。怒号渦巻く中、自分たちが内偵した事案が徐々に解明されていく。そして、内偵調査では訊けなかった謎が少しずつ解き明かされていく。本部室に入室が許される査察官は内偵調査を成功させた者だけで、それこそが情報査察官のステータスとなる。

調べ室での供述

マルサには「調べ室」と呼ばれる部屋がある。3畳間ほどの広さで中に机と電話があるだけの部屋だ。テレビで見る刑事ドラマの取調室と同じような作りになっていて、そこで関係者の供述を同時並行的に取る。詳細な供述調書を作成して関係者間の供述の矛盾点を追及し、ターゲットの嘘を暴いていくための部屋だ。

ダミー会社のキーマン・世里奈健三は、頑強に抵抗して架空取引を認めなかった。しかし、長期間の張り込みによって、世里奈健三が年商約2億円にも達する会社の代表者ではない事実を掴んでいた。ここ1ヵ月の尾行による調査結果を伝えて何度も追及すると、世里奈健三は泣き崩れて真実を明かした。

第一関門は突破したが、一方の原発メンテナンスの代表者は崩れる気配がなかった。会社の実体があるだけに、ニセの作業日報を作成して表面上の書類は揃えていた。くわえこんだ架空売り上げは、原発メンテナンスが架空外注費を立てて処理しなければならない。

原発メンテナンスの総勘定元帳から抽出した不審な外注先を追及したが、代表者は正当な取引と主張して崩れる様子はなかった。実施担当の昆野《こんの》総括が、状況報告のために本部室に現れた。国税局に戻った後は、電話では伝えきれない微妙な調査状況を説明するため、証拠書類を持って本部室で報告をする。

実施統括官　架空外注費を計上して蒲田建設からの売り上げを消しているのだろう？
昆野総括　外注費は架空ではないと言っています。
実施統括官　しかし、内偵調査報告書には存在しない会社に外注費を支払っていると書いてあるぞ。
昆野総括　はい。それでも外注先は実在し、先方が指定した口座に外注費を振り込んでいるだけで、確定申告していないのは外注先の問題だと言っています。
実施統括官　外注先の住所は実在しない。会社が実在しているなら本当の住所や連絡先を知らなければ仕事にならない。この点は何と言っているの？
昆野総括　裏社会に繋がる人間のため、本名を明らかにできないと言っています。
実施統括官　外注先からの請求書や作業員の管理帳などは揃っているの？
昆野総括　はい。通常の書類は整っています。
実施統括官　ところで昆野総括は、蒲田建設からの外注費をどう思っているの？
昆野総括　一日かけて原発メンテナンスの代表者から話を聞き、いろいろな書類も確認しましたが、私は実際の取引ではないかと思います。
実施統括官　水増しした部分はないと思っている、ということ？

昆野総括　はい。架空外注費ではなく、2年で会社をコロコロ変える消費税逃れのスキームではないでしょうか？

思いがけない昆野総括の言葉に、上田が思わず反応して大声を上げた。

上田　あんた！　内偵調査報告書をちゃんと読んでいるのか⁉　原発メンテナンスの代表者は外注費が振り込まれた直後、蒲田建設に行っていることは今までの尾行で確認している。架空取引分をバックしたに決まっているだろ！

昆野総括　……はあ？　お前ら、現金をバックした瞬間を見たのか？　お前が見たのは原発メンテナンスの社長が蒲田建設から振り込まれたカネを下ろして、蒲田建設に行った事実だけだ。原発メンテナンスの社長から現金を受け取ったのはいったい誰だ？　そもそも原発メンテナンスは蒲田建設の関係会社だ。関係会社の社長が蒲田建設に行くことが、そんなに不自然か？

上田　理屈じゃねーっ！　マルサの人間としてカネを下ろした外注先が、直後に川上の会社に行ったら、キックバックを考えるのが普通じゃないのか？　絶対に消費税逃れのスキームなんかじゃない。四の五の言わずにもう一度調べ室

昆野総括　に行って、徹底的に追及してこい！　いつも、お前らの話は「想定」なんだよ！　バックしたと疑った目で見ればバックしたように見えるだろうが、銀行の帰りに親会社に立ち寄っただけなら何でもない行為だろう。

上田　冗談じゃない。原発メンテナンスの本社は千葉だぞ。なんの必要があって親会社近くの銀行を使わなければならないんだ。そもそも、水増し分と合わせて3000万円以上の現金を引き出していれば、一秒でも早く帰って外注費の支払い手続きをするはずだ。親会社に寄っている場合じゃない。

「上田！　ここは実施の持ち場だ。口を慎め！」

実施統括官が割って入って、上田を一喝した。少なくとも上田の言葉は、上司に対して発するべき言葉ではなかった。しかし、一歩も引けない理由があった。狙っているのは蒲田建設の川上の会社で、川下の原発メンテナンスで躓《つまず》いているわけにはいかなかった。

先のエレベーター前での喧嘩と今回の本部室でのエピソードで、マルサという集団がどんなところなのか、なんとなくイメージしてもらえただろうか？　マルサを知らない人はナサケとミは単なる犬猿の仲だと言っているようだが、決してそんなことはない。

マルサで17年間過ごした人間として確実に言えることは、マルサの人間は職務に忠実で愚直に真剣勝負をし、時にそれが正面衝突してしまう「職人集団」だということだ。

切られたトカゲの尻尾

徹底した強制調査でも、川上の会社にバックした証拠は発見できなかった。証拠がなければ川上の会社を捜索することはできない。任意で調査に行っても「令状を持って来い」と言われるのがオチだ。

強制調査が終了すると、内偵班は過去の事案を振り返っている余裕はなく、新しいターゲットを追いかけなければならない。たまに国税局に立ち寄った時に、実施の担当者から進行状況を聞く程度だ。強制調査の数日後、原発メンテナンスの代表者が落ちたと聞こえてきた。しかし、川上の会社に繋がる証拠があった話は聞こえてこなかった。

数ヵ月経ったある日、トイレで会った実施統括官が上田に声をかけてきた。

実施統括官　調査が近々終了するよ。残念ながら川上の会社の尻尾は掴めなかった。

上田　……申し訳ありませんでした。

実施統括官　何で謝るんだ？　上田君が言ったとおり、世里奈健三が操っていた3つの会社は、ダミー会社だった。原発メンテナンスを経由した外注費も内偵どおり、水増し外注費だった。

上田 ありがとうございます。そこは内偵班の生命線ですから外すわけにはいきません。確信を持って嫁に出しましたので、言い訳ができない部分です。

実施統括官 蒲田建設には内偵で摑んだタマリ以外は無い。間違いなく川上にバックしているのだが、徹底的に証拠を隠滅しているようで何も出てこない。

上田 何度も税務署にやられていますからね。いつ調査があってもいいように、身辺整理ができているのだと思います。

実施統括官 川上の会社と元請けのゼネコンは分かっているから、尻尾を出すまで待つしかないな。チャンスがあれば別ルートに強制調査をかけるだろう。

上田 地理的に言うと、大物政治家の地盤ですが、その辺はどうですか？

実施統括官 今は見えていない。でも、お前ら内偵班には、10年以上も監視を続ける班があるじゃないか。

上田 いつか本部の調べ室にご招待（強制調査をすること）してやりますよ。

実施統括官 そうだな。ただ、たっぷり税金はかけてやったよ。いくらだと思う？

上田 すみません。もう蒲田建設のことが頭にありません。

実施統括官 君たちは後ろを振り返っていたら仕事にならないからな。架空外注費による不正が5億あったよ。重加算税を賦課するから大きい税金になるよね。納税資金は川上からくるのだろうが、なかなか面白い事案だったよ。

上田 ありがとうございました！

5億円もの架空外注費を計上していれば、脱税工作資金として多少の資金流出があったとしても、相応のタマリが残らなければならない。強制調査でも見つからないということは、資金が川上にバックされている証拠だろう。

マルサの強制力をもってしても解明しないことがある。これだけ厳重に守った真のターゲットは、いったいどこで、ほくそ笑んでいるのだろうか。今回は真の帰属者の追及をあきらめ、蒲田建設の脱税として税金を払わせる方針を固めた。

しかし、マルサはあきらめが悪い。大物政治家の後ろ姿は見えていた。他のルートを探しながら、強制調査のチャンスを待ち、徐々に距離を詰めていく。

原発ルートの強制調査の数年後には、大型公共工事に絡む脱税で建設会社の強制調査を行った。そして上田の退職後にも、マルサが真のターゲットにじわりじわりと接近している報道を目にしている。

さて、本章で取り上げたような架空口座を使った裏金の捻出は、マイナンバーによって淘汰されるだろう。銀行による本人確認の徹底によって架空口座がなくなれば、セリナ社のような単純なスキームは使えない。しかし、自分の息がかかった下請け会社を利用して、水増しした外注費を振り込み、現金でキックバックさせるスキームに進化する。

このような取引を通謀取引と呼んでいるが、通謀取引では、水増し分を下請け会社が自社の売り上げとして申告するため、たとえ税務調査で不審取引と疑われても、下請け会社が正規の取引と主張し、真の脱税者に課税できない場合もある。脱税の手口が巧妙化し、地下へ地下へと潜り込んでしまうのだ。

通謀取引にメスを入れられるのは、強制調査権限を持ったマルサ以外にはない。国税査察官の鍛え抜かれた目だけが、地下経済の闇に潜むカネを引きずり出すことができる。

コラム2 「クロヨン」と「トーゴーサンピン」

クロヨン、トーゴーサンピンという言葉を聞いたことがあるだろうか。税金を徴収する際の最も大切な概念は公平だ。税金がなければ国防も警察も消防も動かない。それどころか、社会保障や文教科学、公共事業もすべて税金によって賄《まかな》われている。

社会基盤の源泉である税を、一部の人たちはガラス張りで徴収され、一部の人たちが免れていたのでは公平は保てない。税務職員を長年していた実感から、日本でまともに税金を納めているのはサラリーマンと一部の大企業だけで、多くの中小企業や個人事業者の納税額は極めて少ないと言わざるを得ない。

課税対象とされるべき所得を、税務署がどの程度把握しているかを示す数値を「捕捉率」と言う。捕捉率は事業の種類によって異なり、サラリーマンは約9割、自営業者は約6割、農林水産業者は約4割であるとされ、この率を「クロヨン」と呼んでいる。

「トーゴーサンピン」は「9対6対4」の割合を修正し、政治家に関する捕捉率を加えた概念だ。ガラス張りで10割徴収しているサラリーマンに対し、自営業者は約5割、農林水産業者は約3割、政治家は約1割しか把握できていないとの考え方だ（「10対5対3対1」）。実際、政治家の税務調査の壁は厚く、過去には調査で不正を発見しても、国税庁の上級官庁である財務省のトップから政治的圧力がかかる場合もあったようだ。

政治資金の杜撰《ずさん》な使い道で辞任に追い込まれた舛添《ますぞえ》元東京都知事のケースでも明らかなように、一般社会では絶対に認められないものまで経費になっている。税務調査の牽制が利いていれば、このような問題は起きなかったのかもしれない。もし、個人的な家族旅行や飲食代だったなら、経済的利益として所得税を課税すべきとの考えも生じる。

ところで、政治資金の問題は舛添氏一人にとどまるのだろうか。とても、そう考えられないから、政治家の捕捉率は1割程度と言われているのだ。捕捉率問題の根本は、税務職員の不足によるところが大きい。調査が定期的に行われていれば緊張感が生まれ、自ずと確定申告額が正しくなる。しかし、税制の複雑化や申告者数の増加によって、税務署の事務量が年々増大する現状では、すべての不正を発見することは困難だろう。

自分で計算して納税額を決めることが、申告納税制度の高い理念だが、その担保として税務調査がある。調査が10年以上もないことが常態となれば、緊張感が生まれるはずがない。税務職員の不足を補うための切り札としてマイナンバーが導入された。

一方、2014年度の税制改正で、税務調査の手続きが、原則的に事前通知を必要とするように変わった。もちろん無予告調査による納税者の心理的な圧迫は大きく、最大限の配慮が必要なのだが、無予告で踏み込むことによって真実の姿（二重帳簿など）を捉えることができるのも事実だ。

特に現金商売やピンク産業は、帳簿や売上記録を捨ててしまえば所得を把握することが困難な業種だ。現金商売を担当するのは選りすぐりの調査官を配置した特別調査（トクチョウ）部門だが、事前通知によって調査がやりにくくなったとの悲鳴が現場から聞こえてきている。事前通知が捕捉率の格差を広げる方向に動いたことは否定できない。

サラリーマンは悪い意味で源泉徴収制度に慣らされていて、日頃からあまり税金に興味をもっていない。その結果、税制に直結している個人事業者や会社経営者の声のほうが税制改正に大きく反映される。検討されていた配偶者控除の見直しも、結局はサラリーマンを狙い撃ちした税制改正の議論だ。自営業者の奥さんは事業専従者として給与をもらい、会社経営者の奥さんは役員報酬をもらっているため、配偶者控除をほとんど受けていない。そのため、配偶者控除が廃止されても痛くもかゆくもない。

サラリーマンはもっと税制を知って、不公平税制を変えるための声を上げるべきだ。

第三話 「悪さをする約束手形」篇
——上司との喧嘩、同期との競争

強制調査ですべて暴き出すぞ！

人事競争はつらいよ

江頭査察官　今朝、本部に寄ってから来ましたが、今日、6部門（査察第6部門）が検討会だそうです。

上田　6部門の三席は同期のやっさんだな。三軒茶屋で端緒を拾ったらしい。正直うらやましいよ。

江頭査察官　うちの班だって、すでに2件もやっているじゃないですか？

上田　2件やったと言っても、「涙の連絡せん」（税務署からの通報事案）と、1部門（査察第1部門）から提案を受けた事案だ。うちの班で拾って仕上げたんじゃないから、俺の評価は、ドボンのままだ。

江頭査察官　何もないところから、脱税者を見つけて来るのは大変ですよね……。

上田　三席になったら、この苦しみが分かるよ。内偵班の編成を考えてごらん。各部門の総括とチーフ、三席が同期で並べられている。毎年、同期が一斉に勝負をさせられているようなもんだ。

所詮、マルサの男も国税一家の職員だ。国税組織の中での人事競争もあり、マルサ内部での人事競争もある。できれば人に後れを取りたくはないが、トレジャーハンターのような内偵班の仕事では、大きな期待をしてもつらいだけだ。

外回り（調査のこと）をしていれば、良い年もあれば悪い年もある。たまたま人事の勝負年に良い事案に恵まれれば、人事競争で大きなアドバンテージをもらえるが、ドボンすればあきらめるしかない。

特に内偵班は、1年間に1件の事案を拾えるかどうかの勝負だ。マルサに配属されて10年も経てば、人事のあやも、悲哀も十分に見てきて、一喜一憂しなくなる。端緒を拾うチャンスはいつ訪れるか分からないため、毎日、緊張感を持ちながら、モチベーションを保ちつつ、目の前の脱税者を追いかけているのが内偵班の日常だ。

そんなある日、とある銀行の渋谷支店に、端緒が落ちていた。

小切手と約束手形

上田　この手形を見てみろ。どう思う？

江頭　約束手形ですか？　税務署では手形調査を経験したことがありません。

上田　そうだよな。この頃、税務署で手形調査をする調査官がいなくなったけど、手形は商取引の基本だ。査察官は知らないでは済まされない。ところで手形と小切手の違いをちゃんと説明できるか？

江頭 手形は期日まで現金化できませんが、小切手はすぐに現金化できる程度のことしか答えられません。

上田 伝説の手形調査の話くらいは聞いたことあるよな？

江頭 あります。税務署から交流人事で来たばかりの主査が、伝票調査の最中に偶然見つけた手形の話ですよね。

上田 そう。主査が手形調査をしていたところ、たまたま追跡中のターゲットの隣に綴ってあった手形の裏書人が何やら気になった。そして翌月の手形を見ると、やはり不審な会社が手形を取り立てていた。

江頭 不審な手形の取り立て口座を復元する（口座の異動明細を作成する）と、見事なイナズマ口座になっていた。

上田 当然、手形を取り立てた会社は存在しなかった。

江頭 すごいですよね。一日で伝票綴りを100冊調査するとして、一冊に伝票が100枚くらい綴ってありますから、1万枚以上もの伝票をめくることになる。その中から、ピンポイントで不審な手形を拾うわけですから、マルサの銀行調査が〝神業《かみわざ》〟と言われるのですね。

上田 不審な手形の発見は偶然だと思う？

江頭 いいえ。追跡中のターゲットの調査をしながら、ちゃんと他にも不審な手形がないかを見ている。ですよね？

上田 そのとおり。でも、手形を見た瞬間に架空取引を見破る調査能力がなければできない芸当だ。追跡中のターゲットを調査しながら、手に触れる伝票のすべてに集中して、他の脱税者を拾い上げる。まさに神業だ。

マルサでは銀行調査を〝宝の山〟と呼んでいる。手に触れる伝票、預金口座、取引印鑑届のすべてを、査察官の五感をフル動員して見つめる。すると、追いかけているターゲット以外の脱税者が見えてくることがある。

改めて小切手と約束手形の違いを述べておこう。商売をしていない人には、あまり馴染みがないかもしれない。小切手は多額の現金を持ち運ぶ大変さと、運送時の危険（例えば盗難）などを回避する目的で、小さな一枚の紙に信用を持たせたものだ。よって小切手は金銭の代わりで、振り出す時は金額に見合う資金を、いつでも支払える状態にしておかなければならない。

手形は小切手と違って振り出す時点で金額に見合った資金がなくても、振り出す会社の信用で将来の特定日を定め（例えば120日後）、その日に支払うことを約束して代金の支払いを先に延ばす手段だ。このため手形は、代金の支払い機能と信用取引という二つの機能を持っていることとなる。

近頃は大企業が電子手形を活用し始めた。電子手形は受け取った企業が早く現金化できるうえ、印紙代が不要などのメリットがあって、今後、大企業を中心に取り扱いの増加が見込まれている。

手形は支払いを約束した証書のため、定めた期限（支払期日）には必ず支払わなければならず、もし、期日に資金の手当てができなければ、不渡りになって会社の信用を失うことになる。また、6ヵ月以内に二度の不渡りを出すと銀行取引ができなくなり（銀行取引停止処分）、事実上の倒産になる。

手形の裏面（次ページ図参照）には「表記金額を下記被裏書人またはその指図人へお支払いください」と書かれている。つまり手形を持っている人は、手形の裏に署名（住所も必要）・捺印し、渡したい相手（被裏書人）の正式な会社名を記入して、手形上の権利を移転させられる。これを裏書《うらがき》（裏書譲渡）といい、信用によってどんどん流通することが手形の最大の特徴だ。

裏書は次々と続けて書いていくことができるのも特徴の一つだ。これを裏書の連続とい

手形の表面

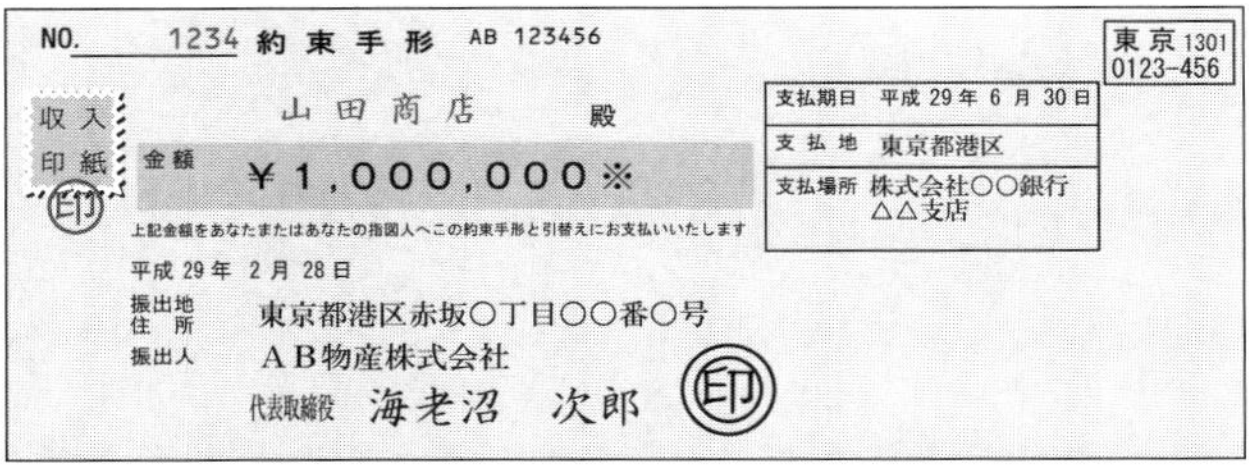
NO. 1234 約束手形 AB 123456
東京 1301
0123-456
収入印紙 印
山田商店 殿
金額 ￥1,000,000※
上記金額をあなたまたはあなたの指図人へこの約束手形と引替えにお支払いいたします
平成29年2月28日
振出地住所 東京都港区赤坂〇丁目〇〇番〇号
振出人 AB物産株式会社
代表取締役 海老沼 次郎 印
支払期日 平成29年6月30日
支払地 東京都港区
支払場所 株式会社〇〇銀行 △△支店

振出人がＡＢ物産㈱で名宛人が山田商店。名宛人欄はＡＢ物産が記入するはずだが、もし、名宛人の筆跡と第一裏書人（手形裏面）の山田商店の筆跡が同じだったら、架空取引を疑う必要が出てくる

手形の裏面

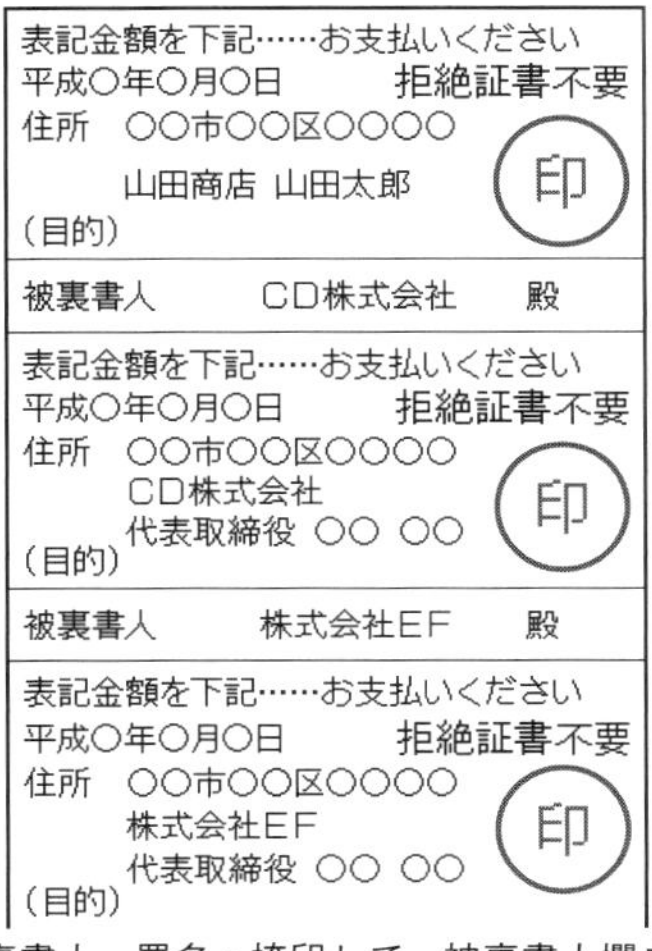
表記金額を下記……お支払いください
平成〇年〇月〇日 拒絶証書不要
住所 〇〇市〇〇区〇〇〇〇
山田商店 山田太郎 印
（目的）
被裏書人 CD株式会社 殿
表記金額を下記……お支払いください
平成〇年〇月〇日 拒絶証書不要
住所 〇〇市〇〇区〇〇〇〇
CD株式会社
代表取締役 〇〇 〇〇 印
（目的）
被裏書人 株式会社EF 殿
表記金額を下記……お支払いください
平成〇年〇月〇日 拒絶証書不要
住所 〇〇市〇〇区〇〇〇〇
株式会社EF
代表取締役 〇〇 〇〇 印
（目的）

一番上段が第一裏書人。署名・捺印して、被裏書人欄を記入して（被裏書人　ＣＤ株式会社　殿）譲渡する。譲渡されたＣＤ株式会社が第二裏書人。同じように署名・捺印して譲渡することができる。裏書は、正しく繋がらねばならない（手形の連続性）

う。つまり、ＡＢ物産が振り出した手形を第一裏書人の山田商店からＣＤ社へ、第二裏書人のＣＤ社からＥＦ社へというように、どんどん裏書して譲渡していくのだ。

裏書が続いている手形での注意すべき点は、その繋がりが正しく連続していないといけないということだ。不連続な手形は裏書不備として銀行から戻されて現金化できない。もし不連続に気づいた場合には、前の裏書人に戻して、正しく連続するように直してもらう必要がある。裏書が連続している手形ほど何社もの手を経由した手形のため、信用度が増すという見方もある。

小切手はもらったらすぐに現金化できるが、手形は支払期日にならない限りできない。その代わりに取引先への支払い手段として、裏に署名・捺印して渡すことが可能なのだ。現金化するには手形を取引銀行へ持参し、期日に自分の口座に入金してもらう手続きが必要で、これを取立委任と呼ぶ。銀行口座が必要なため、紛失した場合にも行方を追うことが可能で、安全性が担保されている。

そんな信用取引のための手形が時に悪さをすることがある。裏書譲渡した会社の最後（最終裏書人）に不審な会社が現れる場合があるのだ。もちろん不審な会社を見破るには豊富な税務調査の経験が必要になる。

自作自演の手形

悪さをする約束手形による脱税を見破った糸口は、不自然な裏書だった。追いかけているターゲットの伝票調査中に、ふと手に触れた約束手形の裏書人に目が留まった。手形の額面は1854万円。内偵調査中のターゲットとは別の会社が振り出した約束手形で、消費税が3%の時代だったため、1800万円+消費税の額面金額だ。振出人（約束手形を振り出した会社）は中井企画株式会社（仮名）。道玄坂工業（仮名）に宛てた（名宛）約束手形で期間は6ヵ月。手形は期日に道玄坂工業の口座で取り立てられていた。

道玄坂工業と言っても個人経営で、個人名義の前に屋号を付けただけの口座だ。「道玄坂工業　高橋一郎（仮名）」。マルサではこのような口座を「屋号口座」と呼び、架空取引に使われるケースが多いため、マークするよう叩き込まれていた。

消費税込みの金額が屋号口座で取り立てられたら商取引であることに間違いはなく、一回で1854万円もの取引をする事業者なら、社判（会社のゴム印）くらい持っていてもよさそうなものだが、署名は手書き、そして捺してある印鑑は三文判（100円ショップで売っているような印鑑）だ。

手形の表面に記載された名宛「道玄坂工業　殿」の筆跡（通常は手形の振出人が記入する）と裏書人（手形の名宛人が記入する）の筆跡も酷似していた。

すぐさま手形を取り立てた道玄坂工業の口座を調査すると、見事なイナズマ口座になっていた。口座の動きはたった3回しかない。新規開設した時が1回目で、2回目が取り立て金額の入金、そして3回目が全額を現金で引き出した時の動きだった。

上田　架空取引の口座を見つけた！

江頭　どんな口座ですか？

上田　これなんだけど、見事なイナズマだろ！

江頭　口座を作って手形を取り立てて、現金で出金して終わりですか。分かりやすい。

上田　しかも名義が屋号（道玄坂工業）だ。典型的な架空口座の動きだろ？

江頭　印鑑も三文判ですね。架空口座の特徴が揃っている。

上田　もっと面白いこともある。約束手形をよく見ると、手形の名宛（道玄坂工業　殿）と裏書人の署名（道玄坂工業　高橋一郎）の筆跡が似ているよね。

江頭　本当ですね。普通ならありえない。名宛は振り出した会社が「道玄坂工業　殿」と記入するはずだし、裏書は道玄坂工業が記入するはず。これでは自作自演ですよね。

上田　名宛と裏書の筆跡が同一ということはありえない。まれに振出人が名宛の記入を忘れて裏書人が自分で書くこともないとは言えない。手形の連続性をよく知っている人が、気にして書いてしまうことがあるが……。

江頭 なるほど。手形一枚から、こんなにいろいろ分かるものなんですね。

上田 そうだ。もっと決定的というか、どう見てもおかしい部分がある。

江頭 どこですか？

上田 道玄坂工業の所在地だよ。この場所は渋谷の繁華街の真ん中で、小さな洋品店や飲み屋がたくさんある。ここで○○工業なんて会社はあまり考えられない。

江頭 上田さん。渋谷にずいぶん詳しいですものね。

上田 まあね。勤務したことがあるもんでね。俺の知る限り、この場所で会社名に工業とつく会社があるとは思えない。イナズマ口座の動き、屋号口座での取り立て、手形に残された足跡（名宛と裏書の筆跡の酷似）と、これだけ条件が揃うと架空取引で間違いないと思う。B勘屋の可能性が高いね。

江頭 なんでですか？

上田 架空取引は会社所在地が東京都内だとやりやすい。多くの会社がひしめいているから、税務調査でバレにくいと考えるらしい。現に口座売買屋が売っている裏口座の値段は東京だと高いんだ。しかも、新宿、渋谷、新橋あたりだと更に高い。

江頭　面白そうですね。

上田　現場が近いから、ちょっと昼飯がてら道玄坂工業を見てくる。

架空の領収書を販売する「B勘屋」

Ｂ勘屋とは、脱税請負人のことで、架空経費に必要な領収書などを売る業者のことだ。被《かぶ》り屋《や》とも呼ばれる。倒産した会社から領収書を買い取り、税金を減らしたい経営者に販売するのが主な手口だ。倒産してしまえば税務署が調査することができないため、脱税の足が付きにくい。そういった架空の領収書を販売する業者がＢ勘屋だ。

架空の領収書だけを発行するパターンや、管理する口座に資金を振り込ませてキックバックするパターンもある。そして被った利益を確定申告して税務署の目をごまかすケースと申告をしないケースがあり、それぞれに手数料が決まっている。どちらの場合も倒産や夜逃げをして税務調査ができないようにしてしまう手口だ。

Ｂ勘屋は事業実態が無く、領収書や銀行口座を使って資金移動の実績だけを残すのだが、実体のある会社が利益だけを被る場合がある。多くの場合、赤字で税金が発生しない会社がこの役目を担う。

赤字会社は法人税が発生しない。黒字でも青色申告なら、利益から過去の累積赤字を控除して申告することができる。ところが、実社会では連年赤字が続いても収益が好転しない場合も多い。累積赤字を持つ会社が他社の脱税のために利益を被り、自社の利益として申告する取引を「利益を被る」と呼んでいる。

実体がある会社のケースでは真実の解明が難しい場合も多い。利益を被った会社が反面調査（税務職員が取引先に確認に行く調査）に対し、実際の取引だったと主張するのだ。税務署は事実関係や証拠書類から架空取引だったことを立証していかなければならない。

丸太《まるた》総括に概況報告をしてから道玄坂工業の現地確認に向かった。道玄坂工業の住所は、渋谷の繁華街のメイン通りから少し外れた、古びた雑居ビルの2階で、現在は空室になっていた。玄関ドアには入居者募集の貼り紙があり、1階の集合ポストにはテープを剝がしたような跡が残っていた。

会社名が書いてあったらしいが、まともな会社がこんな場所に入居していたとは思えない。ポストの中はチラシで溢れ返っていた。道玄坂工業があった雑居ビルは、1階が小さな洋品店になっていて、渋谷を訪れる若者の目を惹くような、どこかエスニックな雰囲気の洋服と雑貨が所狭しと並んでいる。周辺には、同じような小さな洋品店や飲食店の入ったビルが林立していた。営業マンを装って洋品店の女性店員に話しかけた。

上田　すみません。2階にあった道玄坂工業という会社は移転したのでしょうか？
店員　道玄坂工業、ですか？　聞かない名前ですね。ここで間違いありませんか？
上田　はい。渋谷区○○1－2－3です。
店員　ここで間違いないですね。道玄坂工業があったのはいつごろですか？
上田　名刺をもらっていますので、昨年来た時には確かにあったのですが……。
店員　2階が空き部屋になって半年くらいなので、その前にあった会社かしら？　何をしていたかよく分からないけど、事務所らしいものはありましたね。
上田　そうですか。社長さんを覚えていますか？
店員　よく分からないわ、顔も見たことないし。でも、毎日じゃなくて、時々誰かが来ているような感じだったかしら。その会社も1年くらいでなくなったわ。
上田　そうですか。お忙しいところ、ありがとうございました。

架空取引に間違いなさそうだった。得体の知れない会社の事務所があったようだが、額面1854万円もの手形を受け取る会社が、得体の知れない会社のはずがなく、しかも1年で転居するはずがなかった。ビルの賃借人を辿れば道玄坂工業の代表者に近づくことができる。銀行に戻ると、江頭査察官に指示を飛ばした。

上田　丸太総括には俺から説明しておくから、所轄税務署に行って中井企画（手形の振出人）の申告書を取ってきてくれ。新たなターゲットをロックオンできそうだ。

江頭　了解しました。面白くなってきましたね。

出世を望むべきか？

今年のチームはいつになく好調だった。7月の人事異動で新チームになってから「涙の連絡せん」をこなし、次に無記名金融債で悪さをした会社の調査に着手していた。

そして、年末には更にもう1件、着手していたため、半年で3件の強制調査が終わっていた。ターゲットを拾った時は、今年度のメインターゲットのピンク産業を追跡中で、6月の着手を見据えていた。インディーズビデオの製作で全国展開している会社のため、規模も大きく、内偵調査には6ヵ月以上かかるだろうと予想していた。

調子のいい時は次々に新たなターゲットが見つかるものだ。しかし、内偵調査は短いもので3ヵ月、長いもので1年以上もかかるため、7月の人事異動で新チームを組んで年間に1件の着手ができればまあまあの出来。2件できれば庁舎内を肩で風を切って歩ける。

かたや一件も着手できなければ「ドボン」と言われ、給料泥棒と罵《のの》られる厳しい職場がマルサの内偵班だ。長い査察官生活の中でこれほど調子が良い年は後にも先にもなく、在籍中は年に1件を見つけるのが精一杯の苦しい状況が続いていた。

この当時、上田は5年間の末席を卒業し、三席になって2年目だった。前年は税務署勤務から2年ぶりにマルサに戻ったばかりで、初めての三席に戸惑い苦しんだ結果、ドボンで終わっていた。プライベートでは、引っ越した部屋のホルムアルデヒドで二人の子供が喘息《ぜんそく》を患って入退院を繰り返し、仕事どころではなかった。そんなこともあって、今年を勝負の年と決め、内偵査察官の芽が出なければマルサを去る覚悟でいたのだ。

江頭　ところで、上田さんは何でマルサを希望したんですか？

上田　上司の推薦と本人の希望がなければ、基本的にマルサには来ないはずなんだけど、俺は希望したことがないんだよね。

江頭　えっ！　これだけきつい職場なので、本人の希望が絶対条件だと言われました。

上田　俺は絶対に希望してはいない。もしかすると、若いころ生意気だったので、お仕置きだったのかもしれないと今でも思っている。

江頭　でも、マルサに早く来たぶん、早く三席になれたじゃないですか。

上田　そんなに早く三席に出世したい？

江頭 それはそうですよ。三席は内偵班の要《かなめ》。憧れのポジションですよ。

上田 それでは聞くが、どうやって脱税者を見つける？

江頭 新聞や雑誌、ネット情報などあらゆるものにアンテナを張って……ですよね。

上田 そこだよ、問題は。三席のマニュアルもなければ一定の形もない。たくさんの先輩の仕事を見て盗んで覚えるしかない。しかし、調査経験が浅いとどうなる？

江頭 動きを見ても理解できない、ですか？

上田 その通り。一定の調査技量がなければ先輩の動きを理解することも難しい。

江頭 でも、上田さんは支店（税務署）でバリバリだったんですよね。

上田 バリバリかどうかは分からないが、調査は大好きだった。しかし、調査の基礎ができ上がる前にマルサに配属されたために苦労した。やはり、税務署でキッチリ基礎を叩き込まれてからでないと、特に内偵調査は難しい。

江頭 内偵調査は独特の調査ですからね。

上田 表からの調査（帳簿を見て、相手の話を聞いて進める調査）経験が豊富だからこそ、裏からの調査（帳簿を見ないで、相手の話を聞かないで進める調査）の選択肢が増える。それは経験でしか広がらない。江頭は税務署で何年経験したの？

江頭 調査経験は6年です。

上田　最低そのくらいの年数は欲しいよね。俺はたった4年で赤紙（召集令状＝異動辞令）が来たから、内示が出たときは上司にかみついたよ。俺が何か悪さでもしたのか？　ってね。調査が本当に面白くなってきた時だったからふてくされたよ。

今年のチームは尊敬する丸太総括主査と、人事交流1年目だが、マルサの水が合ったらしく、交流期間が終わっても自ら希望してマルサに残った安西主査。そして上田と末席の江頭査察官の4人班だった。

丸太総括は内偵査察官のたたき上げだが、「俺は生涯一査察官でいい」が口癖の職人中の職人だった。マルサの男なので優しくはないが、厳しい言動の中にも査察官を育てる愛情が満ち溢れていた。

安西主査は税務署の法人税部門の統括官から転勤してきた。ハッキリ言って、統括官からマルサへ喜んで来る人は少ない。税務署の統括官なら指揮官だが、マルサに来た瞬間に素人扱いを受ける。それほど内偵調査は特殊な仕事だということなのだが、自ら希望してマルサに残っただけあって、ある意味では変わり者には違いない。

末席の江頭査察官は内偵経験2年目、松崎しげる似の風貌で明るい性格だった。現在は出身地の国税局に戻って、内偵班の中心となって活躍している。

手形振出人は健康器具の開発業者

江頭査察官が中井企画の申告書を収集して、本部（国税局）に戻ってきた。

江頭 中井企画は税務署の調査を受けていました。税務署でも道玄坂工業との取引はおかしいと睨んで反面調査に行っています。

上田 渋谷の雑居ビル？

江頭 そうです。当時はあのビルにいたようです。

上田 道玄坂工業の代表者とは会っているの？

江頭 はい。何度も連絡してやっと会えたようです。取引は実際の仕事の対価と主張しています。商品開発のアドバイスとコンサルタントの報酬のようです。もちろん、中井企画にも道玄坂工業からの請求書や見積書などは残っていました。

上田 どんな仕事を発注したの？

江頭 詳しいことはわかりませんが、中井企画は健康器具の開発、設計をしています。大ヒットした健康器具の開発段階のアドバイスやコンサルタント料の支払いだと言っていたようです。

上田 調査官が道玄坂工業の代表者に会ったのは一度だけ？

江頭 二度会っています。調査官も道玄坂工業はB勘屋だと思っていたようです。残した調査メモに「B勘屋では？」と書いてありました。

上田 そうだろうな。こんな取引はどう見てもおかしい。

江頭 三度目に行ったときには道玄坂工業はなくなっていました。その後は連絡が取れなくなっています。

上田 それで調査の処理はどうなったの？

江頭 結局、道玄坂工業から架空取引の供述を取れず、中井企画の社長も実際の取引だと主張して譲らず、時間切れで調査が終わっています。

上田 通謀取引だな。道玄坂工業はB勘屋で間違いない。税務調査で自分の収入だと主張して利益を被っている。だいたい怪しい経費はコンサルタント料として支払うんだよ。ご丁寧に怪しげな契約書を作って。どんな健康器具を作ったの？

江頭 このパンフレットに書いてある健康器具です。

上田 ちょっと待て！　これならうちの妻も買ったよ。大ヒット商品じゃない。……今は部屋の隅で粗大ゴミになっているけど。

江頭 私もテレビの通販番組で見ました。使い方は簡単。横になって、これを使って身

上田 体をユラユラ揺らすだけですよね。本当に痩せますかね？

江頭 痩せるよりも腰痛に効くんじゃないの？

上田 どっちにしても、これだけ売れれば大儲けですよ。

江頭 これは新たなターゲットをロックオンしちゃったようだな？ それに商品開発のアドバイスやコンサルタント料なら報酬の支払い時期がおかしいね。

上田 どういうことですか？

江頭 パンフレットを見ると、手形の振出日には、すでに健康器具は販売されているよね。商品開発のアドバイスなら、手形を振り出した時に役務提供（仕事）は終わっているはずだ。商品開発のアドバイスでは、少しおかしくないかい？

上田 なるほど。企画設計から商品化までに、少なくとも1年ぐらいかかるはずです。遅くとも、販売開始1年前には手形が振り出されていなければならないですね。

江頭 そうなるのが普通じゃないの？ 今のところのヨミでは、開発した健康器具が爆発的なヒットをして、後出しじゃんけんで手形を振り出した。だから、振り出した時点で既に商品化されている。もっとも、「商品がヒットしたあかつきには支払います」という契約になっているかもしれないけどね。

売り上げが一気に伸びた末に？

それまで黙って聞いていた丸太総括主査が、話に割って入ってきた。

「また景気のいい話を吹聴しているな！　いつも事件ができなくて泡を吹いているのがサカンだ。吹ける時に精一杯のホラを吹いておけ！」

相変わらずの丸太節《ぶし》だ。丸太総括は時に厳しく、時に優しく査察官を指導してくれた。その話し方は、査察官から愛情を込めて丸太節と呼ばれていた。ところで査察官はサカンと呼ばれている。これが隠語であるかどうかはよく分からない。

丸太総括　君たちの話を聞いていたけど、中井企画は面白そうな会社じゃないか。

上田　そうなんです。中井企画が何をしている会社かよく分からなかったので、江頭に法人税の申告書を取りに行かせました。すると、健康器具のヒット商品を開発した会社でした。

丸太総括　会社の申告状況はどうなってるの？

上田　商品開発が当たって、売り上げが一気に伸びています。それに伴って法人税も一気に高くなっていますので、脱税する条件は揃っています。

丸太総括　なるほど。申告事績を並べてみると、売り上げのピークというより実際に売り上げがあったのは1年だけだな。流行り廃りが早い健康器具だから、この年だけ、いつもの5倍の売り上げになっている。

江頭 これでは税務署も調査に入りますよね。儲かっているから脱税したくなる。

上田 道玄坂工業に手形を振り出した日は、中井企画の売り上げがピークの時期です。健康器具のヒットで売り上げが一気に伸びて、いざ決算期末を迎えたら税金が大変なことになって手形でいたずらをした。こんな感じでしょうか。

丸太総括 他にはおかしな外注先は無いの？

江頭 買掛金の内訳に星野（仮名）氏に2060万円と、やはり吉田（仮名）氏に1442万円の計上があります。住所の記載がありませんので、どこの誰とは特定できませんが、怪しい取引先だと思います。

丸太総括 相手が個人で2060万円と1442万円の買掛金か。道玄坂工業の手形と合わせて3件で5356万円になるな。

上田 内偵に入れば、もう少し悪さが見つかるんじゃないでしょうか？

丸太総括 中井企画の事業内容も、売り上げのピークと手形の関係も面白い。これなら事案ができたな。ちょっと査察総括第一課に行ってくるわ。

丸太総括主査がすぐさま、査察総括第一課へ事案の説明に行った。まだ、銀行調査も手をつけていない段階での動きだ。普通なら新たにターゲットのフラッグを掲げて、それから銀行調査や張り込みなどの外堀を埋めて、「いける（強制調査に持ち込める）」と判断した後、内偵調査報告書の作成に入るところだ。

事案説明に行くのは、資料が揃って内偵調査に自信が湧いた時になるので、通常の内偵調査ならロックオンしてから少なくとも3ヵ月程度はかかる。端緒口座と中井企画の申告書を収集しただけで、説明に行くなどは聞いたことがない。

査察総括第一課は内偵部門の元締めで、各々の内偵班の進捗状況を管理し、優先順位を決定して、強制調査を行う前段階の査察立件検討会を提案していく部署だ。そして、その中枢を担っているのが課長補佐だ。

先取特権とフラッグ

内偵班は自由自在に動くことが許されている。求められるのは、1年間に1件の脱税を拾ってくることだけ。国税内でこれほど成果主義が徹底した部署はマルサだけだ。

内偵調査に入る根拠は、査察官の閃《ひらめ》きだけだ。脱税していそうな会社を見つけてターゲットの身辺調査をするのだが、ターゲットを追って研ぎ澄まされた神経で内偵調査をしていると、不思議なことに、その調査過程で、新たに別のターゲットが見つかることがある。いわゆる波に乗っていくということができるのだろう。

しかし、確固たるターゲットが見つからないまま内偵調査をしていると、いつまでもさまよい続けなければならない。放浪期間が長ければ長いほど、次第にチームの雰囲気が悪くなり、更に新たなターゲットが見つからない悪循環に陥ってしまう。

自分で見つけた面白そうな（脱税していそうな）ターゲットに内偵中のフラッグを掲げると、これまで蓄積されているターゲットに関するすべての情報と、その日以降に集められた新たな情報が、フラッグを掲げた班のものになる（第二話でもふれた先取特権）。

蓄積された資料とは新聞、雑誌の切り抜き、インターネット情報、銀行預金など様々で、一人ひとりの査察官が独自の視点で「面白い（脱税に繋がる可能性がある）」と感じた情報だ。複数の査察官が「面白い」と感じるということは、ターゲットの脱税が濃厚だということになる。査察官の収集した情報は査察資料と呼ばれ、資料を管理しているのは査察総括第一課資料管理班だ。

マルサには火災や大地震が起きても破壊されない完全防備された部屋がある。そこに2台の巨大コンピューターがあって、膨大な資料が保管されている。コンピュータールームは、マルサの内偵調査の〝脳細胞〟が保管されている重要な場所のため、極めて限られた査察官しか入室が許されない。

部屋は空調によって一定の温度に保たれ、機材の保護のために夏でもカーディガンが必要なほど寒い。コンピューターは全国の税務署が使用しているＫＳＫ（国税総合管理）システムから切り離されて稼働している。

査察官がターゲットの名前（会社名）を持ち込むと、蓄積されている資料が開示される。もちろん、簡単に資料請求をすることは許されない。担当統括官の決裁を受け、査察総括第一課長の決裁を受けてから資料が開示される。

ターゲットの資料を開示請求した時、既に別の班のフラッグが掲げられていると、反対に自分の持つ情報が取り上げられてしまう。査察官は研ぎ澄まされた神経で経済社会を見つめ、凍りつくような感性で闇に潜む脱税者を引きずり出していく。

フラッグを掲げるには先見性が要求され、新たなターゲットにフラッグを掲げることを二次登録と呼び、資料が集約されることを資料合併と呼ぶ。フラッグさえ掲げてしまえば、後は他班のすべてが、自分の部下になったようなものだ。

人事考査に関わる「金星」

丸太総括が査察総括第一課から戻ってきた。

丸太総括　検討会は1月末に決まったから。年明けからターゲットの銀行調査ね。

上田　えーっ。日程がもう決まったのですか？

丸太総括　1ヵ月あれば大丈夫だろう。

上田　そんな。まだ何も動いていません。

丸太総括　大丈夫だよ。無理なら検討会を少し後ろにずらせばいい。さっきの元気はどうした？　あんなに、いけると吹きまくっていたじゃないか。

上田　それはそうですけど。今日は12月25日ですよ。しかも、明日も明後日も別件で調査ですよね。年明けの調査準備もできません。

丸太総括　御用始め（1月4日）から動けば大丈夫だよ。安西主査と上田で銀行調査。俺と江頭で関係会社やB勘屋の情報収集をする。面白い事案は一気に動く。

上田　望むところです……今、追っかけているピンクビデオはどうします？

丸太総括　健康器具が終わってから、動こう。でかい相手だから、逃げやしないよ。

丸太総括の頭の中には、既に中井企画の内偵調査報告書の概要と、銀行調査の手順ができ上がっているようだった。上田は自分から提案したものの、展開図が見えていないため大きな不安を抱えていた。頭の中で「できそうかな？」と思っていた程度だったが、いきなり内偵調査報告書の作成が決まり、検討会の期限まで年末年始を除けば1ヵ月もない。

これが百戦錬磨の経験を持つ総括主査と査察官の違いだ。それにしても、丸太総括には温存という言葉はないらしい。今年度は既に3件の着手が済んでいて、内偵中のピンクビデオも仕上がる見込みで、チームとしては左団扇《ひだりうちわ》だった。年間4件の着手など滅多にできるものではない。それなのに、5件の仕事をやり遂げようというのだから驚きだ。

もし、中井企画の内偵調査を7月以降に考えれば、来年度のノルマをクリアすることができる。上田の心には邪《よこしま》な考えが浮かんでいたが丸太総括はお構いなしだった。「見つけたターゲットは一気に仕上げる」。丸太総括がいつも言っていた言葉だ。

しかし、本当は上田への配慮だったのかもしれない。今年度の調子が良いとは言え、新チームになってからの活躍ではない。税務署からの通報事案と査察第1部門からの無記名金融債事案の提案を受け、なんとかこなしただけだった。

6月に立件を見据えるピンクビデオも、昨年度から丸太総括が追いかけている事案で上田が活躍したわけではなかった。「チームの査察官が拾った事案を年度内に仕上げる」——これが内偵班の最高の勲章だ。

このため、少し無理をしてでも、3月までの着手日程を組んでくれたのかもしれなかった。新チームになってから拾って、翌年3月までに仕上げた事案は「金星」と呼ばれ、人事考査にも影響してくるのだ。

内偵調査報告書は、マルサの最高会議（査察立件検討会）に提出する資料だが、強制調査令状を請求する際の裁判官への説明資料にもなる。

その内偵調査報告書は「小説」と呼ばれることがある。摑んだ情報のすべてを記載するのだが、そのほとんどが推定にならざるを得ないからだ。ターゲットから話を聞けないため、事実と事実を繋ぎ合わせ、査察官の感性から紡ぎ出されるヨミで展開していくのが、内偵調査報告書の真髄である。しかし、時に外れる。強制調査によって結果が判明し、内偵調査報告書と結果が大きく違った場合、実施担当からフィクションと罵られる。

手形の調査で浮かんだ不正の痕跡

松の内が終わるのを待つ暇はなく、年始早々から銀行調査が始まった。スタートは中井企画のメイン銀行の調査だが、年初の来店客を店頭で迎えていた支店長もマルサと聞いて驚きを隠さなかった。

不正の手口はイナズマ口座が示すとおり、架空経費の計上が想定された。しかも約束手形を使った不正が中心と見られたが、手口を絞らずターゲットから流出する資金を追いかけていく。すべての資金を調べ上げれば、架空取引の全貌が浮かび上がってくるはずだ。

脱税の手口は架空口座を入手したり、B勘屋に依頼したり、知人に架空取引を頼んだりと様々だ。どんな手口を使っているのか分からないため、すべての資金決済を追いかけていくのが内偵調査の基本である。

「公表を裏から組む」と呼び、税務調査に入らなければ見ることができないターゲットの総勘定元帳を、銀行調査から組み上げていく作業だ。流出した資金を仕訳して、勘定科目を想定して申告額とぶつけて行く。

表からの調査（税務署の調査のことで、総勘定元帳を見て進める調査）を経験しなければ、裏からの調査（マルサの内偵調査）はできない。表からの調査経験が「公表を裏から組む」作業には不可欠だからだ。

ターゲットから流出した約束手形の分析が始まった。まともな相手に渡った手形は、まともな会社に裏書譲渡されていく。約束手形は信用によって流通していくことを目的としているため、まともな手形であれば、手形裏書人は第一裏書人から第二裏書人、第三裏書人へとどんどん流通し、裏書人に不自然な箇所は見当たらない。もちろんKSKシステムを使って調査しても、各々の会社はちゃんと確定申告をしている。

ところが、中井企画が振り出した手形の裏書人は不自然だった。買掛金の内訳にあった星野も確定申告をしていない。吉田は個人で確定申告をしているが、何年も前に事業を廃止して、現在は年金収入だけの申告だった。しかも、吉田が過去に申告していた事業は家具店だった。

星野や吉田に振り出した手形も、金額や決済の時期から判断して、道玄坂工業と同様に商品開発のアドバイス料と想定された。道玄坂工業、星野、吉田へ振り出した3枚の手形の合計は5356万円になったが、それでもマルサが掲げる大口・悪質の基準に達するには規模が小さく、他のルートの不正が見つからなければ強制調査は難しかった。手形調査を進めていくと、丸太総括が手形の振出日の異変に気づいた。

「この手形番号と振出日を見て、何か気がつかない?」

約束手形には偽造防止のため、一枚一枚に記号（アルファベット2文字）と番号（連番）が印刷されている。

丸太総括　この手形は3月15日に振り出されていて、番号はＡＺ１０００４。ところがこっちの手形は同じ日に振り出されているが、ＡＺ１０００３５だ。

江頭　番号がずいぶん離れていますね。32枚も手形を切ったということですか?

丸太総括　そういうことだ。ＡＺ１０００３５が正規の手形なら、7月頃に振り出している番号だ。何が考えられる？

江頭 時間を戻した……ですか？

丸太総括 そういうこと。実際には時間は戻せないから、7月頃に3月の振出日を書いて手形を切った。

安西主査 手形を使った不正の典型的なパターンですね。決算期末から時間を戻すには手形が一番手っ取り早い。

上田 手形にはサイト（現金化する期限）がありますからね。支払期限6ヵ月の手形なら、申告期限（決算期末から2ヵ月以内）に、4ヵ月も時間を戻せる。

安西主査 自作自演の架空取引だから、仮決算を組んでから買掛金を増やして、税金を減らすことができる。

江頭 なるほど。分かりやすいですね。仮決算を組んだら税金が多額になったので、決算期末より前に遡《さかのぼ》って手形を振り出した。

丸太総括 それまで、架空取引に協力してくれる会社が見つからなかったのだろう。

安西主査 架空手形を被ったら、その分を自社の売り上げに計上しなければならない。くわえこんだ売り上げは自社で架空取引をして圧縮するか、累積赤字を繰越控除して消すしかない。つまり、赤字があって税負担が増えない会社だけが

上田　不正資金を被ることができる。

江頭　いずれにしても、手形をくわえこむには銀行口座が必要だ。

丸太総括　なるほど、一枚の手形からいろいろなことが推測できますね。

江頭　だから、この手形はおかしいと言える。調査して気がついたのだが、中井企画が振り出した手形を整理すると、銀行に戻っていない手形が2枚ある。

丸太総括　どうしてですか？

江頭　振り出した手形は下請け会社に裏書譲渡され、そして最終的には支払期日に手形を持っている人（手形の所持人）が取り立てて現金化する。期日が過ぎた手形は銀行に持ち込んでも現金化できない。

呈示期間が過ぎた手形は銀行が受け付けないので、振出人に戻して小切手と交換してもらうのですよね。

丸太総括　取り立てに回った手形は振出銀行に戻ってくる。ところが中井企画が振り出した手形のうち、戻ってきていない手形がある。

江頭　なぜ分かるのですか？

丸太総括　調査資料にメモが残っていた。野元興業㈱（仮名）に振り出した2678万円と㈱日隈エージェンシー（仮名）に振り出した2369万円の手形だ。

江頭　この2枚の手形が交換に回っていない（手形の取り立て依頼が出ていない）ということですか。

丸太総括　そういうこと。つまり、中井企画の自作自演だ。税務署の調査時期が少し早かったのかもしれない。こんな手形なら銀行調査ですぐに不正が分かる。

江頭　おかしな手形だと思って記録をとったのでしょうね。

丸太総括　そうだろう。だが相手がまともな会社なので、突っ込んで調査しなかった。

江頭　しかし、これでは貸借が合わずに調査で分かりそうなものですが……。

丸太総括　その辺の理由がよく分からないのだけど、総勘定元帳には、野元興業と日隈エージェンシーへ振り出した手形は、外注費として計上されている。ところが、手形は取り立てられていない。

江頭　売り上げが急激に伸びたので税務署が調査に入った。しかし、B勘屋に手間取って銀行調査にまでは踏み込んでいない。こんな感じですかね。

丸太総括　そうかもしれないね。人事異動の直前まで調査をしているが、悔しい思いを滲《にじ》ませながら撤退している。

江頭　中井企画はよっぽど儲かったのでしょうね。開発費は社長の頭の中だけなので、上手く波に乗れば経費はかからないわけですから。

自分の仮説を疑う

銀行調査と並行して中井企画の基礎調査を始めた。代表者は78歳の独身者だが、東京都内の高級住宅街に一戸建てを新築していた。しかし、代表者の年収を調べても中井企画からの給与と国民年金だけで、高級住宅街に豪邸を新築できるような収入ではない。そもそも78歳になって家を新築すること自体に疑問が残る。

代表者には長年連れ添った内縁の妻がいて、豪邸に移り住むまで妻の娘のアパートの隣に部屋を借りて生活の面倒を見てもらっていた。調査記録には「娘夫婦とは仲が悪く新築したことも教えていない」とのメモが残っていた。内偵調査報告書を作成するにあたって、上田には少し気になっていたことがあった。

それは代表者の年齢と75歳を過ぎてからのヒット商品への漠然とした疑問で、胸の中に「本当に代表者が健康器具を開発したのだろうか?」との思いが燻《くすぶ》っていた。確かに調査記録に残っていたパンフレットには、代表者が商品開発者として紹介されていたが、数年前まで義理の娘に世話になっていた老人が、新たな健康器具を開発して億万長者になるといった夢物語が本当に存在するのだろうか?

上田にはマルサで叩き込まれた「自分の仮説を疑う」思考が染み付いている。例えば、調査の方向性に一つの仮説を立てたとき、反対側から別の仮説を立てると、今まで丸く見えていたものが、急に四角に見えることがある。

マルサの内偵調査は査察官の経験とヨミで展開するため、一度ヨミを誤って違う方向に展開すると分岐点まで戻ることが難しい。そのため常に複数の選択肢をもって多角的に見つめるように訓練されている。

真のターゲットは代表者ではなく、誰かが代表者を開発者に仕立て上げて、自分の所得を隠したとの仮説を立ててみたが、代表者の新居を見た瞬間にそれは吹き飛んだ。新居は高い塀に囲まれた白亜の豪邸で、四隅と玄関に監視カメラが設置されていた。

高い壁によって1階は外部から窺い知れないが、2階だけでも4室以上はありそうだった。周囲は閑静な住宅街だが道幅が狭く、張り込みには不向きな場所だ。しかも、監視カメラによって迂闊に自宅に近づくことはできない。

張り込み車を止める場所がないため、「立ちんぼう」での張り込みに決まった。真冬の染み入るような寒さの中での立ちんぼうは厳しいが、周囲の家は閉ざされ、屋外を気にかける者もいない。

朝7時から二人ペアで近くの家陰に隠れ、場所を移動しながらのローテーションだ。三度目のローテーションに入った時、自宅ガレージがゆっくりと開いて、真っ赤なポルシェがエンジン音を鳴り響かせながら滑るように出てきた。車は上田の潜む方向にハンドルを切ってきたが、この方向は調査済みの国道に出る経路だ。先回りをして国道に出る手前の交差点でポルシェを待った。ここからなら運転手の顔がはっきり見えるはずだ。

静寂を切り裂きながら近づく車の運転席には、サングラスをかけたターゲットの顔があった。助手席には見るからに高級そうな毛皮のコートをはおり、白い帽子を被った内縁の妻が座っていた。とても78歳と73歳のカップルには見えない。新築の白亜の豪邸、新車のポルシェ、毛皮のコート。いずれのアイテムも、上田の仮説を力強く否定していた。

義娘からもたらされた重要情報

義娘《ぎじょう》のアパートは、代表者の自宅から徒歩10分の場所にあった。お世辞にもきれいとは言えないアパートの2DKの部屋だが、かつて確かに二人はこのアパートに住んでいた。義娘の家族の隣に部屋を借り、生活の援助を受けていたと調査記録に残っていた。代表者が借りていた部屋は現在は借り手がいないらしく、空き部屋になっていた。

代表者の新居なら、義娘の家族4人と合わせて6人がゆったりと暮らせるはずだが、そうしてはいない。調査記録にあったとおり、折り合いが悪いと推測できた。義娘から話を聞けば調査のヒントになるはずだ。もちろんマルサの内偵調査と明かしはせず、身分を聞かれたら、調査記録にあった健康器具販売会社の社員を名乗ればよい。上田は躊躇なくアパートのチャイムを押した。義娘の在宅はベランダで洗濯物を干す姿で確認していた。

上田　こんにちは。中井先生はご在宅でしょうか？

義娘　なんですか？　ここにはいませんよ。

上田　先生は引っ越されたのですか？

義娘　知らなかったの？　もう2年も前の話よ。

上田　そうですか？　知りませんでした。どちらに引っ越したのですか？

義娘　すぐ近くよ。健康器具が当たって大儲けしたら、家を新築してさっさと出て行ったわ。今までどれだけ面倒を見てきたと思っているのよ。失礼しちゃうわ。

上田　引っ越し先の住所を教えてもらえませんか？

義娘　一応住所は聞いているけど、私から聞いたことは言わないでくれますか？　もう、あの人たちとは関わり合いになりたくないから。

上田　すみません。助かります。もちろん誰から住所を聞いたかなんて言いません。

義娘　ちょっと待ってね。ここにメモするから……。

上田　……助かりました。ありがとうございます。しかし、先生の発明は大ヒットでし

義娘　たね。そろそろ次のアイデアもお願いしようかと思いまして。
上田　そんなに上手くいく訳ないでしょ。あなたも知っているとおり、40年も鳴かず飛ばずだった人よ。若いうちは母に散々世話になって、年をとってからは仕方なく私たちが面倒見ていたのよ。しかし、人間ってどこでどうなるかなんて分からないわよね。ちょっとした思い付きが大成功になるのよ。
義娘　70歳を過ぎてからの発明ですから、すごいことです。
上田　知らなかったの？　一緒に住んでいたから私たちは知っているけど、あれは若い頃のアイデアを復活させただけよ。もともとあった企画を少し変えただけ。若い頃ダメだった人が年とってから頭が冴えてくるなんて、あるわけないじゃない。
義娘　そうなんですか。知りませんでした。しかし、先生の大発明には間違いありません。では先生の所に行ってみます。ありがとうございました。
義娘　先生と聞くと、また腹が立つわ。まったく恩知らずのヤツだわ……。

義娘は重要な話を伝えてくれた。一つは代表者が健康器具の開発者であり、真の帰属者（架空外注費の首謀者）であること。もう一つは、不審な手形は間違いなく、架空取引であるということだ。話が本当なら、健康器具の開発は代表者が若い頃に出したアイデアで、最近のものではない。ならば外注費として支払った商品開発のアドバイスやコンサルタント料は、不自然なものだ。

査察立件検討会での珍現象

丸太総括の定めた期限までに、内偵調査報告書ができ上がった。今回の検討会は何の心配もしていなかった。中井企画は健康器具の開発に成功し、爆発的な人気商品を世に送り出した。しかし、売り上げが爆発的に伸びたものの、開発に多額の費用がかかったわけではない。健康器具のブームは1年3ヵ月ほど続き、ブームの最中に到来した決算期末の利益は莫大な金額になっていた。もちろん莫大な利益に対する法人税もまた莫大なはずだ。

つい邪な考えが浮かんでしまうのが申告納税制度の厳しいところだ。自分で税金を計算して自分で納税する申告納税制度は、徴税コストを最小限に抑え、納税意識を高めるという崇高な理念に支えられているのだが、時として脱税者を生み出してしまう。

この代表者も、その一人になってしまった。長年苦労し、生活に困窮し、やっと掴んだビッグドリームに酔いしれてしまったのかもしれないが、結果として、マルサが突然やってくる羽目になった。

ところで、検討会での一番大きな問題は代表者の年齢だった。着手すると、証拠収集には短い事案で6ヵ月、長い事案では1～2年もかかる。

その後に裁判だ。仮に中井企画の証拠収集に1年以上かかると、裁判所に起訴された時点で80歳を超えてしまう。年齢を考慮すると、検察庁が告発しないことも考えられた。

検討会の席上、内偵調査報告書に書かれた脱税の手段・方法には、出席者の誰一人として異論はなかった。しかし、終了後、強制調査の着手は、査察総括第二課長の預かり事案（着手見合わせ）となってしまった。

上田　冗談じゃないですよ！　脱税手段もタマリも揃っていて、内偵調査に不備はないのに、預かり事案とはどういうことですか！

丸太総括　まあまあ、少し落ち着け。実施もやらない（強制調査をしない）とは言ってない。関係機関と協議して決めると言っているのだから待つしかない。

上田　実施は告発が目的だから、告発できない可能性がある事案をやりたがらないことは理解できます。しかし、例えば脱税の事実は同じなのに、年齢で扱いが変わるとしたら大問題です。やったことは同じでも、若い人ならマルサに入られ、老人なら税務署の調査で済むなら、むしろ大きな不公平です。

丸太総括　やらないとは言ってない。いろいろと考えているのだと思うよ。代表者の年齢が年齢だけに、強制調査の最中に心筋梗塞になったらどうする？　長い調査が始まるのに、取り調べの途中で倒れたらどうする？　脱税の実行為者が亡くなったら告発どころではない。

上田　それでは苦労が水の泡ではないですか？　この1ヵ月、必死でやったのに。

丸太総括　そう思うか？　俺はそうは思わんぞ。面白い端緒を見つけてパズルを解いたら健康器具の開発会社が見つかった。そして内偵調査で脱税の証拠を見つけた。俺たちの見せつける実力はここまでだ。内偵班としての評価は誰もが認めているから、検討会でも質問は出なかった。後は実施に任せろ。

上田　……分かりました。仕方ないですね。しかし、今までマルサの歴史で高齢の脱税者はいなかったのでしょうか？

丸太総括　そんなことはないと思うが、少ないだろうな。普通の人なら80歳にもなれば第一線を引退している。しかも、70歳を過ぎてからの成功例は少ないだろう。高齢になれば、物事の分別もつくようになるから脱税する人も少ない。

頭では理解できても納得はできない。1年間に1件の脱税を探してくることが内偵担当査察官に課せられた使命だが、そのハードルは極めて高く、達成できる査察官は半分にも満たない。その1件がターゲットの年齢によって消え失せようとしているのだ――こんな日は酒を飲んで憂さをはらすしかない。

人事に期待してもムダ

その夜、上田は江頭査察官と安居酒屋で酒を呷った。マルサの男は酒飲みが多い。上田はあまり強いほうではないが、それでも生ビールなら大ジョッキで5～6杯は飲んだ。

江頭 いい事案なのに悔しいっすね。でも、丸太総括が言っていることも理解できます。もし、強制調査をして脱税を固めても、検察が起訴しますかね?

上田 俺だって、それくらい分かっているさ。頭では理解できているんだ。でも三席になると分かると思うが、毎年1件のノルマはとてつもなく苦しい。だから、何とか強制調査まで漕ぎつけたいと思うのが人情だろう?

江頭 実施も78歳の老人を強制調査するのは、いい気はしないでしょうね。

上田 そこも分かっているんだ。強制調査をやっても、起訴できなければ徒労に終わる。しかし、昨年度はドボン、今年もなら連続だ。精神的に追い詰められていて、実施のことを考える余裕はない。お前も三席になったら苦しみが分かるよ。

江頭　過酷な職場でサカン（査察官）を続けるモチベーションは正義感っすか？

上田　正義感なんてこれっぽっちもないね。強いて言えば……負けず嫌いかな？

江頭　人事競争ですか？　それだけじゃモチベーションを保てないでしょう。

上田　人事ではないよ。毎年の人事異動でも、できればマルサから脱出したいと思っている。同期を出し抜いて前に出たいと思うほど、出世欲はないが、周りがどんどんノルマをクリアしていくと、ドボンの恐怖が骨身に沁みてくる。

江頭　同期をずらっと同じ地位に並べて、明らかに競わせていますからね。

上田　そこなんだよ。周りを意識しないではいられない。人事なんて期待していないが、胃が痛くなる席順だ。

江頭　人事に恵まれるのは、一部の選ばれた人たちだけですからね。

上田　そういうこと。マルサにいて人事に期待してもムダ。

江頭　じゃあ人事ではない負けず嫌いっすか？

上田　うまく説明できないが、強いて言えばマルサ気質かな？　マルサは結果さえ出していれば、野放しにしてくれるだろう。俺みたいな調査しかできない野良犬は、繋がれた瞬間にやる気をなくす。

江頭　結果を出し続けるのは大変ですけどね。

上田 人事よりも、相手に気づかれず、話も聞かず、帳簿も見ずにパズルを解く想像力。尾行するスリル。検討会を通過して強制調査が決まった時の達成感。強制調査に入って内偵どおりだった時の快感は、ああ、何年経っても忘れられない。

江頭 薬物依存みたいなもんですかね？

上田 事案がうまくいったときは、ドーパミンがじゃぶじゃぶ流れ出す音が聞こえるよ。あの快感が忘れられずに頑張ってしまうんだよな。きっと。

江頭 一種のビョーキですね。残業手当にも恵まれず、人事にも恵まれない。まして、偉くなっても給料も変わらない。マルサは3Kの代表ですからね。

上田 酔いながら冷静に言うなよ、悲しくなるから。それにしてもマルサの先輩たちは、退職すると早く旅立つよな。現役時代の過酷な勤務が祟るからか？　現役時代にドーパミンを使い過ぎてしまうからか？　これからって時に逝ってしまう。

江頭 そうですね。休みなく働いて、本当にこれから人生を取り戻すって時に……。そう考えると、何で僕たちはこんなに頑張っているんですか？　もう少しマルサが脚光を浴びてもいいですよね？

上田 マルサは黒子だから、表舞台は似合わないんだよ。もう一杯だけ飲むぞ！

数日経って査察総括第二課長から強制調査の許可が下りた。様々な検討をした結果、強制調査が必要との判断になった。2月の中旬の寒い朝、強制調査の日が訪れた。代表者の自宅に踏み込んでいった。

代表者の自宅は静まり返っていた。監視カメラに見つめられながら、8名の査察官が代表者の自宅に踏み込んでいった。代表者は観念して、朝一番から脱税の事実を認めた。架空の手形を引き受けた星野や吉田も、代表者から頼まれてキックバックしたと供述した。

B勘屋の道玄坂工業も、強制調査の前に力なく屈した。そして代表者の自宅から野元興業と、日隈エージェンシーに振り出したはずの手形が見つかった。すべてが内偵調査報告書に記載したとおりの調査結果となり、満足していた。

ペーパーレス化が神業を封じる

長かった一日が終わって、実施の担当者が上田のところに挨拶に来た。

実施担当　いい事案をサンキューな。

上田　内偵調査の結果を見せていただいて、ありがとうございました。

実施担当　そうだよな。着手しなければ何も分からないからな。でも、そこが内偵の面白さなんだろう。

上田　そうですけど。結果を見届けられるのは、1年に1回あるかどうかですよ。

実施担当　内偵も大変だけど、実施もこれから長い間、証拠書類とにらめっこだ。

上田　よろしくお願いします。

実施担当　ところで、代表者の自宅から意外なタマリが見つかったよ。

上田　プラネタリウムですよね。本部室で聞きました。

実施担当　外装もすごいが、内装も立派だったよ。そして、とりわけおカネをかけた場所は寝室だった。

上田　プラネタリウムのほかにも何か？

実施担当　……ラブホテルにあるような、電動回転式のダブルベッドだ。

上田　一世を風靡する商品を開発する天才は少し違いますね……。

一枚の約束手形が発したわずかな信号にうまく反応して炙り出した脱税だった。真実の手形は人から人へ渡り歩くため、人の温もりが残っている。ある人は徹夜でコーヒーを飲みながら、手形に署名・捺印したかもしれない。ある人は現場で受け取って財布に入れたために、折り目がついたのかもしれない。

また、手形は現金と同じ価値があるため、署名・捺印を丁寧にする人が多いが、中には三文判を使った雑なものもある。雑だから不審だというわけでもないが、真実の手形を見つめてきた者だけが感じる不正の臭いを、査察官が五感をフル稼働して嗅ぎ分けている。

ペーパーレス化の波が押し寄せ、約束手形が変わろうとしている。既に大企業では電子手形を活用しているところもあるが、アナログだからこそ見分けられる不正もある。

今後、ビットコインのような事故が電子手形にも起こるだろうと考えるのは、アナログ人間の妬みだろうか。そして、ペーパーレス化によって、また一つ、神業が封じられ、マルサの視界にかかる霧が濃くなっていくように思える。

悪さをする約束手形が三席としてのデビュー戦になった。結果が出なければマルサを去る決意で臨んだ年だったが、思いもかけない事案に出会って残留した。しかし、マルサの仕事は本当に厳しく、残った分だけ苦しみが長引いたのかもしれない。

この時、マルサに配属されて10年目。幹部の中にはマルサの勤続年数が、30年に達する人もいる。この先、何年この生活が続くのか？　どこまで体力が続くのか？　マルサで頑張っていても、同期の中で2～3人しか人事競争には勝ち残っていけない。

国税査察官は各事務系統（所得税、資産税、法人税、徴収など）からマルサに招集されているため、マルサの背番号（国税では人事管理を背番号と呼ぶ）が外れれば、各事務系統へ戻されて税務署勤務になる。戻ったところには、各事務系統の生え抜きの職員がいて、出戻り職員はピカピカの1年生からの再スタートだ。

いっそのこと、早くマルサの背番号を外して税務署勤務に戻ったほうが、精神的にも、家族のためにも、税法を学んで将来、税理士になった時にも役立つといった思いが、上田の心のどこかにいつもあった。

コラム3 節税、脱税、租税回避

節税と脱税。一文字違いで、なんとなく似ていて、区別なく使っている人もいるようだが、正しく理解しているだろうか。ここでは節税と脱税、さらには租税回避についてなるべく分かりやすく説明する。

節税とは、税法が想定している範囲内で税負担を減少させる行為で、例えば必要経費を適切に計上して課税所得を減少させたり、税額控除などを利用して税金を少なくしたりすることだ。税法に則った行為のため調査で指摘されることはない。節税は余分な税金を支払わないよう積極的に利用していくべきものだ。ある意味、顧問税理士は節税情報を提供して、税負担を減らすために顧問料を貰っている。

これに対し脱税とは、課税される要件がありながら、故意に隠して免れる行為のこと。例えば売り上げを除外したり、架空の経費を計上したりして所得を圧縮する。

一方、租税回避とは、税法が想定していない形式で税負担を減少させる行為だ。課税要件を隠す脱税に対し、租税回避は税法の網の目をすり抜ける行為のため、通常の経済合理性からは考えられない不自然、不合理な形態を採る場合が多い。

租税回避で有名になったのが「武富士事件」である。経営破綻した武富士の元会長夫妻から贈与された外国法人株（国外財産）をめぐり、延滞税を含めて約1600億円の追徴税を納付した長男が、当時は海外に居住しており納税義務はないとして、課税処分の取り消しを求めて訴訟を起こした。追徴額が多額のため、もし国が負ければ、既に納付した約1600億円に「還付加算金」約400億円を上乗せして、総額約2000億円を支払わなければならないという注目の裁判になった。

一審・東京地裁では納税者が勝訴し、二審・東京高裁では国税勝訴となった。そして、2011年2月、最高裁で納税者の逆転勝訴となった。最高裁は補足意見として「一般的な法感情の観点から結論だけをみる限りでは、違和感も生じないではない。しかし、そうであるからといって、個別否認規定がないにもかかわらず、この租税回避スキームを否認することには、やはり大きな困難を覚えざるを得ない」と結論づけ、租税回避に該当する行為でも、回避した当時に課税する法律がないなら課税することは適正ではないと判示した。

この一連の訴訟をしている間にも、同様の租税回避を阻止するため、相続税法の納税義務者の規定を見直し、海外居住者でも日本国籍がある一定の者は、国外財産を相続や贈与で取得した場合、課税されるよう税法の抜け穴が封じられた。しかし、相続人等が海外に居住している場合、日本国籍を持つ者は国外財産にも課税され、日本国籍がない者は課税されないといった問題が残った。

すると今度は、子や孫に外国籍を取得させて国外財産への課税を免れるスキームが現れた。そこで、被相続人（贈与者）が日本に居住していれば、相続人（受贈者）が外国籍の者でも国外財産にも課税できるように法が改正され、再び抜け穴は封じられた。

富裕層と国税との間で、生き馬の目を抜くようなイタチごっこが現在も続いている。一方、企業の租税回避策には、海外のグループ会社から損失を意図的に付け替えるなど、海外に調査権限が及ばない国税には把握が難しいスキームが存在する。

そこで当局は「パナマ文書」を追い風として、租税回避策を企業や富裕層に指南する税理士に、スキームの開示を義務づける制度の導入に乗り出した。具体策を開示させ、抜け穴があれば対策を練る。提出を拒んだ場合に罰則規定を設けるが、新制度が本当に切り札になるのか疑問視する向きも多い。罰則が一定の抑止力を発揮することは間違いないが、そもそもバレないスキームであるなら、わざわざ国税に開示するのだろうか？

第四話　「FXとタックス・ヘイブン」篇
——最新の脱税手口を見破れ！

こ、こんなところに、こんなに!!

FXに気を付けろ！

平成28年分所得税の確定申告期限が3月15日に迫っている。この一年はFX（外国為替証拠金取引）のビッグイベントが目白押しで、国税当局はFXトレーダーの確定申告を手ぐすね引いて待っている。

2016年6月、イギリスのユーロ離脱問題でポンドが急落した。多くのFXトレーダーが残留と思っていたところに離脱のニュースが伝わり、大きな損失を被った投資家も多かったのだが、離脱にかけていた強者もいて、多額の利益を手にしたようだ。為替相場の急変こそ、FXトレーダーの腕の見せ所だが、税理士として真っ先に思い浮かぶのは、利益を手にすれば確定申告が必要だということだ。

悪質な無申告の場合、最大で7年間遡《さかのぼ》って調査をされることになるが、恐ろしいのはFXの税制だ。例えば、4年前に300万円の損失があって、翌年から毎年100万円ずつ儲かっていたケースでは、赤字の繰越控除によって課税額は0円になる。

ところが、繰越控除を適用するためには、①損失が出た年分の確定申告書を正しく提出する、②その年分以降、連続して確定申告書を提出することが必要で、特例適用のため、申告漏れを宥恕《ゆうじょ》する規定はない。

つまり、確定申告を怠っていると遡って調査をされ、黒字部分だけが課税されることになる。もちろん、無申告加算税や延滞税もしっかり課税される。絶対にバレないと思っていると、突然、税務署に踏み込まれることになるかもしれない。

国税はFXの把握に長らく頭を悩ませてきた。室内で看板を出さず、インターネットを通じて行う取引だから、容易に見つけることができない。パソコン一台あれば、世界中と取引できるが、取引先がないため、自ら儲けを吹聴しない限り、税務署に通報されることもない。そのため「バレない投資」をうたい文句に、口座開設を勧める事業者もいた。

FXは公設市場の取引所FX（くりっく365など）と店頭FX（多くのFX事業者）があるが、2012年までは不公平な税制がまかり通っていた。取引所FXだけを優遇していたのだが、与えていた優遇は現在では当たり前の、①20％の分離課税（店頭FXは総合課税で累進税率を適用）、②損益通算が可能（店頭FXは他のデリバティブ取引と通算できない）、③赤字が出た場合、3年間の繰越控除が可能、である。

しかし、実際にFXをやってみると、毎年コンスタントに利益が出るものではないことに気づく（少なくとも筆者は）。3年間の赤字の繰り越しは大きなメリットだが、FX事業者を選ぶ基準は、税金より手数料や取引スピードのほうがはるかに重要な要件のため、多くのトレーダーが店頭FXで勝負をしている。つまり、極端な優遇税制を与えてもトレーダーがなびかなかったのだ。

なぜ、取引所ＦＸだけに優遇を与えていたのだろうか？　もちろん申告漏れを防ぐ目的だが、店頭ＦＸ業者には法定調書（税務署に提出が義務付けられている資料）の提出義務がなく、税務署は闇に潜むＦＸトレーダーを捕まえられなかったのだ（２００９年より義務化）。

それでは、なぜマルサは摘発できたのだろうか？　そこにはマルサの強力な調査権限が関係している。例えばＦＸ業者自身が脱税していれば、強制調査によって顧客の情報はすべて持っていかれる。

また、ＦＸトレーダーにマルサが入れば証拠収集でＦＸ業者を調査する。そこに新たな脱税者がいれば見逃すことはない。とはいえ、これまでの摘発は氷山の一角だったと言わざるを得ない。法定調書の導入によって、国内業者で行うＦＸの申告漏れには一定の歯止めがかかったが、レバレッジの規制も重なって、海外業者を使ったＦＸに多くのトレーダーが逃げ出した。

しかしマイナンバーの導入によって状況が一変するだろう。ＦＸを始めるには銀行口座が必要だ。預金口座がマイナンバーにひも付けされれば、口座情報が国税に筒抜けになる。もし、預金口座に海外ＦＸ業者との送金記録が残っていれば、クラウドなどのネットワークに残った情報を、強制調査で調べられるようになる。

これから紹介する事案は、マルサ初物のＦＸトレーダーだ。マルサが脱税者をどのように見つけて切り込んでいったのか？　この事案の成功によって、内偵班の視線が一斉にＦＸに向かい、全国のトレーダーが次々に強制調査をされることになった。

海外取引は無法地帯

東京都内に住む個人投資家の男性が、海外金融先物取引で得た利益を税務申告せず、２年間に約７億５０００万円の個人所得を隠し、約２億７０００万円を脱税したとして、東京国税局が所得税法違反（脱税）の疑いで、東京地検に告発していたことが分かった。

関係者によると、男性はシンガポール銀行系の金融先物取引会社に口座を開設し、約２億円を入金。この本人名義の口座で、証券先物「日経２２５」やニューヨーク原油商品先物を取引したり、外国為替の売買を行う外国為替証拠金取引（ＦＸ）で米ドルを売買するなど２年間で、約３億円の利益を上げた。

また、法人名義の口座でも同様の取引を行い、２つの口座で総額７億５０００万円の利益を得ていた。男性は海外金融先物取引で得た利益をまったく申告せず、「海外の取引で、黙っていれば分からないと思った」と語った。（新聞記事要旨）

経済のグローバル化に伴って増加した国際取引を使った脱税で、マルサ初物のＦＸトレーダーの告発記事である。海外で行われた脱税に調査権限が及ばない国税は、取り締まりに永らく手を焼いてきた。最近では、グローバル企業がタックス・ヘイブン（後述）を使って課税を免れている事実が次々と明るみになったこともあり、各国が取り締まりのために積極的な情報交換を行っている。

「スイスの銀行がついに秘密主義を転換」。紙面に躍ったそんな見出しに、ゴルゴ13も戦々恐々として、ひそかに資金を移し替えているかもしれない。

２０１５年度の法改正によって、相続税の基礎控除が３０００万円＋（６００万円×法定相続人の数）に縮小された。配偶者と子供二人の標準的な家庭なら、４８００万円以上の相続財産があると課税される計算で、特に大都市圏では影響が大きく、戸建ての家を持っていると相続税がかかると言われている。

庶民に相続税を課税しておいて、富裕層が海外の儲けを隠したり、相続財産を隠したりしているのでは「課税の公平」は保てない。海外に多額の資産を逃避できるのは、一部の富裕層だけだ。

国外資産の把握に躍起になった国税は、国外財産調書制度（国外に５０００万円超の財産を持つ者に報告義務）や、財産債務調書制度（年間所得が２０００万円超かつ、年末時点での財産が3億円以上又は、国外転出特例対象財産の合計額が1億円以上の者に報告義務）を次々に導入した。どちらの制度も、従来にはなかった罰則や加重措置を伴う監視網だ。

監視網を嫌がって国外に逃げ出す資産（資産フライト）に対して、出国時点で1億円以上の有価証券を所有している者には、有価証券の譲渡又は決済があったものとみなして課税する国外転出時課税制度（出国税）を導入し、投資の勝ち逃げを封じた。

制度導入の背景には、税法の抜け穴封じがある。日本の居住者が株を売却する際には、キャピタル・ゲイン（売却益）に対して約20％の税金が課税される。一方、租税条約では、非居住者の課税権は売却した者が居住している国にあるとしていて、日本の非居住者が株を売却しても税金がかからない。つまり、同じ株の売却益でも、人によって課税される場合と課税されない場合があるのだ。

制度のスキを突くように、日本人富裕層の間で、巨額の含み益を抱えたままシンガポールや香港などのキャピタル・ゲイン非課税国・地域に逃げ出し、その後に株を売却する行為が後を絶たなかった。そして残念ながら、租税回避スキームを売り物にしている税金の専門家もいる。税金には租税法律主義の大原則があり、法律で規定されていないものには課税権が及ばない。取り締まるには税法を改正するしか手段がない。

ここ数年、国税の敗訴が増えている。ある程度の負け戦を覚悟のうえで、過度な租税回避に税金を賦課して裁判で争うことによって事件を炙り出し、税法改正に結び付けている国税の苦労が垣間見られる。

飛び込んできた「涙の連絡せん」

今年の班は、久しぶりに税務署勤務から戻った千代田総括と、やっと長い査察官時代を抜け出して主査に昇格した上田。そして、陽気で酒がすこぶる強い野々村査察官と新人の井川査察官という4人のチームだった。

千代田総括はマルサへの招集は早かったのだが、出世コースから外れて戦意喪失気味だ。井川査察官は、マルサの初任者研修や確定申告時期の税務署応援、その後は、国際税務の選抜研修があって半分以上は不在となり、仕事は野々村査察官と進めなければならなかった。班は今年度中の強制調査のめどが立たず、あてのない放浪の旅に出ていた。

そして、上田にとってマルサを去る覚悟を決めて臨んだ年だった。僧侶である義父が病で入院して呼ばれた病室で「こんな調子になってしまったので（寺を）頼む」と言われ、国税に未練を残しながら、2年後に退職する決断をしていた。

来年度から国税最後の思い出として税務署勤務を希望していたため、何としても自己開発事案を見つける決意だったが、最後の年だからといって事案が見つかるほど、マルサの内偵調査は甘くはなかった。

ある日、銀行調査中に千代田総括の携帯電話が鳴った。本部の統括官から「査察連絡が入ったから本部に戻って来い」との不幸の電話だ。電話では通報内容は教えてもらえない。急いで銀行調査を切り上げ、国税局に引き返さなければならない。

マルサの内偵調査にはテレビや雑誌、インターネット情報から、自分たちの力で脱税者を発見して査察立件に結びつける「自己開発事案」と、税務署の調査で大口・悪質の脱税が発見された場合や、強硬な調査拒否によって任意調査では対応できない場合に、強制調査に切り替える「情報提供事案」がある。

税務署からの情報提供を「査察連絡」と呼び、その調査概況を説明するための資料を「査察連絡せん」と呼んでいる。情報提供事案は着手するまでのスピードが命で、税務署は査察へ通報すると待機になる。

情報提供を受けてから1ヵ月も内偵調査をしていると、概《おおむ》ね終了と思っていた調査がなかなか終わらないことに不安を持つ納税者もいるだろう。納税者によっては、税務署が調査を引き延ばしていると感じたり、国税ＯＢの税理士の中には、マルサの気配を感じる者もいるかもしれない。

納税者に察知されると証拠隠滅を図られ、強制調査で十分な証拠収集ができなくなるために早急な対応が求められる。だから、通報を受けるとその日から何日も家に帰れない。子供の運動会や家族旅行などの行事もキャンセルしなければならない。内偵班の一番の恐怖が「査察連絡」だった。そんなわけで、「査察連絡」を「涙の連絡せん」と呼んでいた。

また、「涙の連絡せん」にはもう一つの意味が隠れている。指令されるチームには、懐に目ぼしい内偵事案がないということだ。自己開発の邪魔をしないため、結果が出そうな事案を追っているチームには「涙の連絡せん」は指令されない。査察総括第一課長の判断によって「どうも結果が芳しくない事案を追っている」と思われるチームに、リズムを変化させる意味を込めて指令されるのである。

しかし、「涙の連絡せん」の処理には、少なくとも1ヵ月程度の時間がかかる。結果として、「自己開発事案を立件する」ことが、どんどん遠退《とおの》いていく。まさに、都はるみの『涙の連絡船』の心境だ。開発事案がサヨナラと手を振りながら遠ざかっていくのだ。

時代の最先端に切り込むミニマルサ

通報者は資料調査課、略してリョウチョウだった。リョウチョウは任意調査の最高峰の集団で、課税第一部（個人課税）と課税第二部（法人課税）に配置されている。ちなみに、近頃は「料」の偏だけをとって、「コメ」とも呼ばれている。

リョウチョウは必要がある時、マルサと同様に無予告で着手して機動的に調査展開し、早期決着を目指している。税務署では手に負えない規模が大きい事案や、広域的に店舗展開しているターゲットを専門に調査している。

マルサとは違って任意調査のため、機動的で確たる証拠を摑んでいなくても着手できる強みがあり、時代の最先端に切り込める部隊だ。リョウチョウを「ミニマルサ」と呼んでいるのもこのためで、ある意味でマルサよりも恐れられている。

機動的に切り込むリョウチョウの情報は、マルサでは決して摑めないようなものも多く、バラエティに富み、時代の最先端を知ることができる貴重な勉強の場で、実際、今回の情報提供を受けるまで、マルサの歴史にFXの強制調査はなかった。

通報は、相続税の調査で摑んだ資産に海外証券会社を使った資産運用があり、運用益を申告していないという内容だった。リョウチョウの調査概況の説明には「外国為替証拠金取引」や「外貨先物取引」など、マルサの男たちの聞きなれない言葉が続いていた。

ところで近頃の税務署では、新人職員に株式投資や商品取引をしないよう指導している。相場を気にするあまり、仕事に身が入らなかったり、投資にのめり込んで消費者金融から借金したりして、非行に走らないように規制しているのだ。

勤務する部署によっては、大企業の情報を知ることができるため、インサイダー取引の規制を受ける職員もいる。もっとも税務職員が、勤務時間中に携帯電話で株式投資するなど言語道断だ。しかし、インサイダー以外の規制は職員を管理する側の理論だ。税務職員としての資質を考えると、本当に投資自体を禁止すべきか？　と疑問も生じる。

実際、調査現場では様々な資産運用に出くわす。社長個人の税金問題もさることながら、会社の利益を抜いたカネ（脱税資金）が投資に向かっていた時、株式投資を知らない調査官は、果たして徹底的に社長を追及できるのだろうか？

税務調査は本当に難しい仕事だ。若い調査官は自分の父親や、祖父のような年齢の人を調査しなければならない。相手は年上で、しかも大きな組織に属さずに自分の力で生活している実力者だ。そして多くの場合、税金の専門家の税理士が関与している。

税理士が国税ＯＢだったりすると、かつての上司の場合もある。調査は納税者側の土俵で行われるため、事業の商慣習や業界用語、そして業界で統一的に使っている帳簿類を知らなければ、相手に質問することもできない。まして金融商品ともなれば、ある程度の知識がなければ質問の糸口すら摑めない。

資産運用は多くの場合、調査におけるキーになる。近頃の証券会社は、店頭で現金を取り扱わないので、証券取引をしていれば必ず銀行口座がある。そして投資の多くは余裕資金で、余裕資金の代表選手が脱税資金だ。

上田が駆け出しの頃は、先輩から「証券会社に調査に行くのに、株式投資を知らなくて調査ができるのか？　株式投資の仕組みを勉強したかったら、証券会社に行って実際に口座を開設して授業料を払ってこい（株式投資をしてみろ）」と言われた。実際に株式投資をして仕組みを覚え、新聞を毎日読んで日本の経済を学べという教えだ。

脱税テクニック「外《そと》―外《そと》取引」

ターゲットは、大手電機メーカーを早期退職してから特に仕事をすることもなく、悠々自適に暮らしている元サラリーマン。毎年の確定申告は配当と年金と株式譲渡で、税務調査には無縁だったのだが、父親の相続税調査でマルサのターゲットになってしまった。

相続税の脱税は、父の意志で寄附したように装って、相続財産の一部を海外に疎開させたスキームだ。疎開先はヴァージン諸島のペーパーカンパニー。相続税の脱税でよくあるパターンである。

除外した相続財産約2億円を慈善事業のNPO法人名義で運用し、同時に自己資金約2億円も同じ海外の証券会社で運用していた。運用方法は、海外金融先物取引や外国為替証拠金取引や海外不動産投資。

多額の利益を上げたが、確定申告はしていなかった。

「ヴァージン諸島への寄附？　あそこはタックス・ヘイブンだから、相続財産の疎開スキームで間違いないな。運用も外国証券会社を使ったFXなら、外《そと》—外《そと》取引だ」

脱税の確信があった。

タックス・ヘイブンとは、一定の課税が著しく軽減、ないしは完全に免除される国や地域のことで、日本では租税回避地と呼んでいる。代表的な地域としては、ケイマン諸島のように、国際金融取引の単なる中継地として利用されることを想定した、特に見るべき産業のない島国である。新聞の紙面を賑わせたパナマもタックス・ヘイブンだ。

そして「外—外取引」とは国税内部で使われる言葉で、脱税の手段が国外にあって、その果実（タマリ）が国外にある取引のこと。国外で行った脱税は、法定調書や税務調査によって明るみに出ることがない。しかも、タマリを国外に隠していれば、資金面から脱税を察知されることもない。

そのため、外—外取引による脱税が、富裕層を中心に幅広く行われている。この動きに対して国税も手をこまねいているばかりではない。重点対象として様々な対策をとってはいるが、租税条約のない国は情報収集が困難で、有効な手段を打てていないのが現状だ。

国境を飛び交う資産フライトを捉えるため、国内から国外へ送金した場合や、反対に国外から送金を受けた場合、100万円を超える取引について、金融機関から国外送金等調書が提出されるよう外為法（外国為替及び外国貿易法）を改正した。しかし、1回の送金額を100万円未満にしたり、海外旅行のついでに現金をハンドキャリーしたりするケースが後を絶たず、国税当局と脱税者のイタチごっこが続いている。

7億円を超える運用益

リョウチョウが確認したターゲットの調査状況は次のとおりだ。ターゲットの実父である豊島外二（仮名）を被相続人とした相続税の税務調査をしたところ、外二がフィリピンにNPO法人を設立していたことが判明した。

NPO法人は、設立後に数年で共同代表者（外二の友人）が死亡したため解散したが、外二は解散したNPO法人名で、ヴァージン諸島に慈善事業目的のファンドを設立し、ファンドに対して生前に約2億円を寄附していた。

相続人はターゲットとなった豊島昭雄（仮名）と実兄の豊島竜彦（仮名）の2名で、ファンドへの寄附は、外二が死亡する1年前に行われた正当な行為であり、相続人に財産処分の権限がなかったとして、相続財産に含めていなかった。

リョウチョウの追及はファンドへの寄附から始まった。調査中に発見した資金の動きから、ファンドへの送金は外二の死亡後にも行われていて、仮装寄附金だと雄弁に物語っていた。また、ターゲットは財産の処分権限がないと主張していたのに、ファンドの資金を運用できる環境にあって、ファンドがターゲットの支配下にある事実を摑んでいた。

そして、ファンドへ寄附した時期には、外二が認知症を患って入院中であり、正常な判断ができる状態ではなかったとの情報も摑んだ。ターゲットは、リョウチョウの厳しい追及に一度は不正を認めたものの、翌日になって「脅迫のような追及に屈して、早く調査から解放されたい一心から偽りの供述調書にサインした」と供述を全面的に翻した。

誰かに知恵をつけられたのか、海外の取引のため、証拠収集ができないと判断しての翻意と思われた。事実、国税OBの税理士が関与していた。しかも、マルサの頂点にまで上り詰めた大物税理士だ。

マルサのすべてを知り尽くしたOBなら、内偵調査の限界、証拠収集能力の限界、脱税の犯意の立証の限界と、マルサの動きは手に取るように分かる。相手の意表をつくスピードで強制調査に入らなければならなかった。リョウチョウはファンドの傀儡の代表者へ反面調査を行って、以下の供述を得ていた。

①ファンドの代表者とはなっているが、名義を貸しただけで活動内容は知らない。

資料調査課が調査した取引状況図

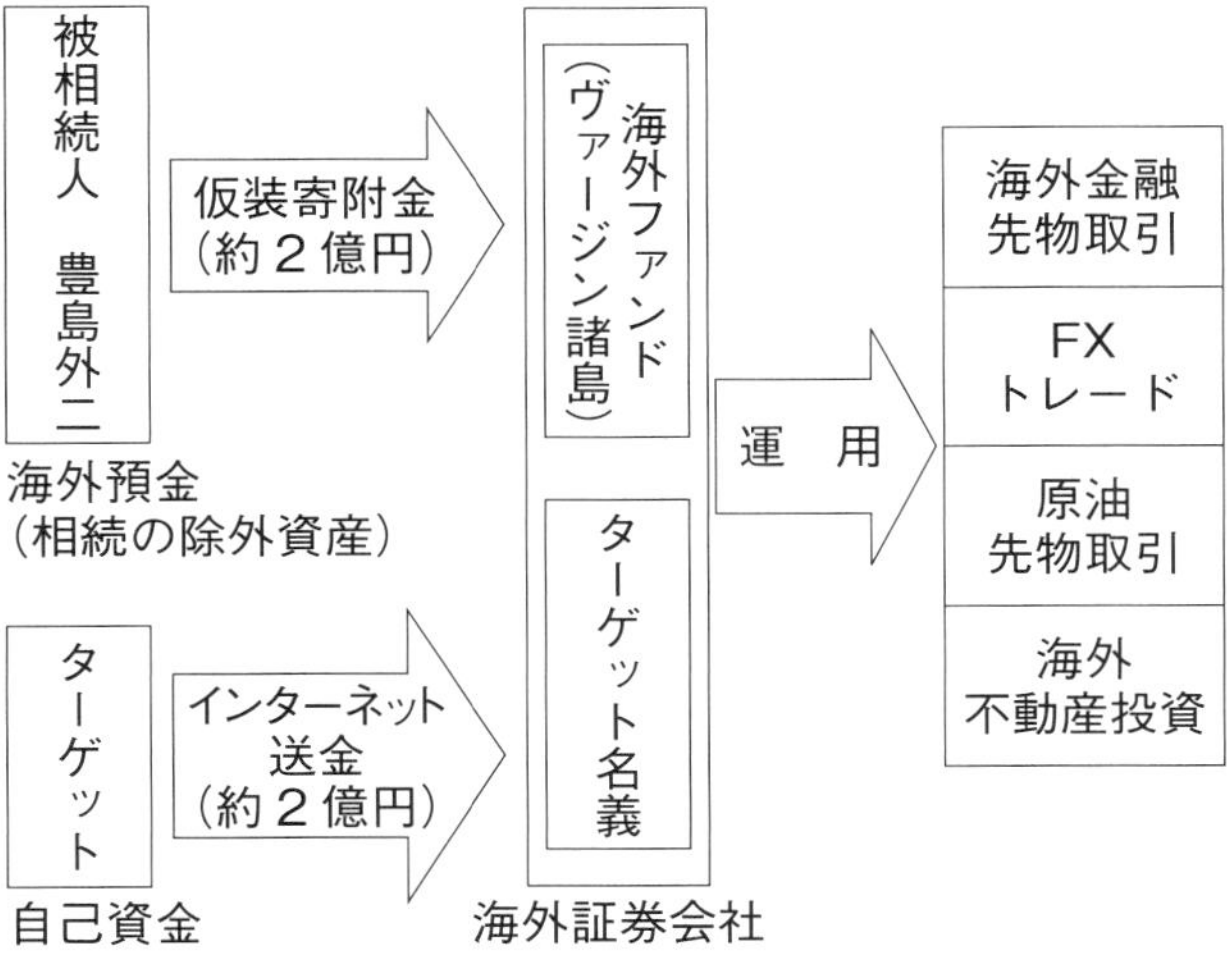

②ファンドでの実際の仕事は無く、報酬も貰っていない。
③ファンドへの送金は、いつ誰が行ったか知らない。
④ターゲットと一緒に口座開設をするために銀行に行ったが、その後の取引は私がサインをしなくてもできるようになっていた。
⑤ファンドの資産運用はターゲットが行っていて、私は関知していない。

リョウチョウの調査状況をまとめると、上の図のようになっていた。

海外との取引を行うためにはパソコンは欠かせない。調査で収集した様々な記録から、パソコンが無いこと自体が考えられず、その保管場所を追及したが見つからなかった。

「パズルのキー」となったパソコン。隠している物には見られたくない何かがあるはずで、ターゲットをさらに追及して妻の実家に疎開させてあったパソコンを提出させ、内部から大脱税の端緒となる取引記録を見つけ出していった。

当時、この時点で、上田はFX口座を開設していた。愛読していた投資情報誌に特集され、興味を持ったのが開設のきっかけだ。

ただ、証拠金（保証金）を入金したものの、いざ取引となると腰が引けて注文ができないでいたのだが、投資情報誌にあった「短期間で莫大な利益を上げられる」などの文言の記憶があって、リョウチョウの通報に、直感的に「いける！」と反応できたのだ。

通報してきた運用益は莫大なものだった。海外ファンド名義の原資（除外相続財産）は約2億円だったが、運用益は2年間で3億を超えていた。同じ証券会社で自己資金も運用していたが、こちらも約2億円の原資で3億円を超える運用益が見つかり、両方を合わせた運用益は、7億円を超えていた。

査察国際課の任務とは？

査察国際課は、近年の国際取引による脱税に対応するため2000年に新設された。発足当初は査察国際課長以下13名のメンバーだったが、現在では18名に増員されている。脱税手段が国外に移され、国際脱税スキームが進化していくと予想されることへの対応で、今後、ますます重要度が増していくポストだ。

国際課には外国銀行の調査をする査察国際専門官や、外国語の書類や脱税指示書を解読してくれる語学のスペシャリストがいる。国際課ができる以前は、外国語のできる査察官が、担当する事件を抱えながら他事案の応援で翻訳していたため、負担が集中していた。

マルサの国際事案の歴史は意外と浅い。上田がマルサに入った頃は、不審な海外取引を発見しても「どうせ実施が受けない（強制調査をしない）から、追いかけるだけ時間の無駄だ。余計な仕事はするな」と先輩査察官から怒られた。

内偵調査で海外出張をしても、査察官は調査ができない。できることは、会社が存在するのかどうかの現地確認をしたり、国税局職員の出向者（現地職員）に依頼してターゲットの会社概要を調べてもらう程度だ。

マルサが現地に乗り込んで強制調査をする権限がないため、十分な証拠収集はできない。よって現在でも、国際取引はマルサのアキレス腱なのだが、急増する国際脱税事件に対応するため、研究を含め情報収集を行っている部署が査察国際課だ。

実は上田は、マルサの国際事案のパイオニアを自負している。豚肉差額関税制度の闇を暴いた「裏ポーク事案」や新興株式市場の株価を操縦した「株価操縦事案」、そして、今回の舞台となった「ＦＸトレーダー事案」など、数々の国際事案の内偵調査を経験してきた。……が、残念ながら外国語はまったくできない。

そのため、現役時代には国際課に大変世話になった。脱税のスキームを解明するヒントはどこに隠れているか分からない。書類を調べても、書いてある意味が分からなければ謎は解けない。翻訳する時は原語になるべく忠実に、商取引にかかわる部分は経済用語を使って翻訳してもらった。上田が考えるのは脱税のスキームだけだ。

話をＦＸ事案に戻そう。収集した証拠書類は英文で書いてあった。ターゲットはかつて大手電機メーカーに勤務し、ラスベガスでの勤務経験もあった。海外の勤務経験が、今回の脱税を生み出したのかもしれない。

ターゲットの資金運用は大胆かつ繊細で、世界経済を先読みした投資結果が残っていた。日本の証券会社でＦＸをしようと思ったものの、説明書を読んでも理解できずに指をくわえて見ていた上田に比べ、ターゲットはいとも簡単に、海外の証券会社を使って取引をしているのだから、語学はもとより、投資経験、資金力、投資の感性、腹の据わり方など、すべてにおいて上田に勝ち目はなかった。

収集した証拠書類の中に、利益を計算するステートメント（取引記録）があった。妻の実家に疎開させてあったパソコンからアウトプットしたものだ。ステートメントはすべてが英語で書かれ、Realized P&L（実現損益）、Forex Swap（外為スワップ）、Interest（利息）、Commission（手数料）などの横文字が並んでいた。

そして、CHF（スイスフラン）、GBP（イギリスポンド）、JPY（日本円）、NZD（ニュージーランドドル）、USD（米ドル）など、通貨ごとの取引記録が日付順に表になっていた。外国のステートメントは英語で書いてあるばかりか、取引記録が日本の証券会社のように丁寧に記載されていないため、上田には理解困難だった。

無申告が横行する

上田　このステートメントを見て内容が分かる？

野々村　分かりづらいです。翻訳してもらっても何がなんだかさっぱり。

上田　さすがにリョウチョウだよな。調査状況から考えて恐らく、ターゲットが快く協力したとは思えない。パソコンの中身の確認といいながら開けさせ、その中から必要な部分をアウトプットさせたのだろう。マルサと違って、パソコンを差し押さえる訳にはいかないから大変なはずだ。

野々村　リョウチョウはFXの課税問題を知っていたのでしょうか？　担当者の説明

上田　も、あんたらにＦＸが分かりますか？　なんて勝ち誇った顔をしていました。やっぱりそう感じた？　マルサが国際取引を苦手としていることは有名だ。ところが俺の出身母体は個人課税なんだよね。所得税法は得意分野だ。しかもＦＸは既に口座開設済みで国際取引も大好きだ。もっとも、証拠金を積んだだけで実際のトレードはしていないけどね。

野々村　すでにＦＸを開始済みですか。相変わらず早いですね。

上田　いつものクセだよ。でも、トレード方法も分からず苦戦していたところだよ。ところで井川君はネット証券に興味があったようだが、口座開設したの？

井川　まだです。軍資金もありませんし。興味はあるのですが、いざ口座開設となると、いろいろ手続きが面倒でして。

上田　税務署には株取引を勧める上司なんていなかったと思うけど、俺は違うと思っている。今シーズンも証券会社の調査をたくさん予定している。いざ調査に行くと、証券会社のシステムを理解するだけでも大変な作業だ。そんな中でおかしな取引（借名口座の取引など）を抽出しなければならない。ネット証券を使った経験がない奴には、不審な取引は絶対に見つけられないよ。自分で投資をすると普通のカネの動きが分かる。おかしな取引はその反対だ。

井川　自分の感覚ではありえないような、投資行動をしている顧客を見つければいいということですね。

上田　そういうことだがマニュアルはない。自分の知識と感覚だけだ。査察官は自由に調査ができるように感性を日ごろから磨いておかなくちゃね。ただし部下に株式投資を勧めるのは組織としては問題だ。

井川　やりたかったので早速開設します。ついでにFXもやってみようかな。

野々村　ところでリョウチョウの担当者はFXを知っていたのでしょうか？

上田　知らずにステートメントに反応したなら天才だよ。マルサではお目にかかることはないが、税務署では確定申告で処理するから知っているよ。もっとも、英語が得意な調査官ならステートメントを見れば内容が分かるだろうね。

井川　お言葉ですが、私は3月まで税務署で確定申告を担当していましたが、FXの申告を見たことがありません。パソコン一台で看板も出さずに取引ができます。業者にも法定調書の提出義務がないので無法地帯ではないでしょうか？

上田　何！　無申告が横行しているのか？

マルサの数歩先を進んでいる

ＦＸの無申告が蔓延している現実が広がっていた。井川査察官はマルサの新人で、最近まで都内の税務署で個人課税を担当しており、国税がＦＸの無申告を知りつつ、有効な対策を打てていない事実を知っていた。

上田　それならリョウチョウは、ステートメントを見ただけで反応したのか？

野々村　英語を読めても意味が分かりませんよ。しかし、短期間で本当にこんなに大儲けできるのでしょうか？

上田　そうだね。儲かることと損することとは表裏一体だ。しかし、実際の利益はすごいな。しかも意図しているかどうかは別として、税務当局にバレないように、外国の証券会社を使っている。実経済はマルサの数歩先を進んでいる。

野々村　意図しているかどうかとは、相続税を除外するのが主な目的で、ＦＸの利益を除外したのは犯意（脱税する意図）がないかもしれないということですか？

上田　そこが事案のポイントだよ。架空寄附をしているから相続財産の除外が意図的だったことは間違いない。しかし、問題はその後だ。相続税の脱税事案として考えると、除外財産が２億円ではマルサの規模には小さい。もう一人の相続人

野々村　（兄）の存在も検討課題となってくる。

上田　どういうことですか？

野々村　相続財産を除外して、そこから生まれた運用益は誰のものだと思う？

井川　苦労して儲けたターゲットのものではないのでしょうか？

上田　しかし、原資の2億円がなければ運用益も生まれません。

野々村　そういうことだ。

上田　それでは、内偵調査報告書は相続税法違反で作成しますか？

野々村　いや。運用益はターゲットのものだ。

上田　では所得税法違反にしますか？

上田　いずれにしても、ファンドの運用益は誰のものか（相続財産か）、という問題とFXの運用益を申告しなかったのは意図的だったのか、という部分は検討会で重要視されるだろうね。

井川　奥が深いですね。

上田　それは当たり前だ。人ひとりを脱税の罪に問う仕事だ。法律的にもギリギリの詰めが要求される。それでも自己資金の運用益だけで3億円以上ある。たとえファンドの運用益が相続財産と判断されても着手基準には十分な額だ。

野々村　ＦＸの申告をしなかったのは意図的ではない、と思っているのでしょうか？

上田　いいや、意識して外国の証券会社を使っていると思うよ。その証拠に自己資金も海外証券会社で運用している。

野々村　そうですよね。これだけ脱税しておいて、犯意がないとは言わせませんよね。富裕層の間では海外の資産運用が常識になっています。

上田　俺もそう思う。これだけ脱税して知らなかったでは済まされない。しかし、そこを詰めるのが実施だ。意図的に脱税した証拠を見つけなければならない。そのためにすべての証拠を差し押さえて分析する気の遠くなるような仕事だ。脱税指示書でも出てくれれば分かりやすいが、今回の証拠はターゲットの頭の中にある。しかも、相続税の脱税自体を否認していて証拠は海外にある。

野々村　疑わしきは罰せず……ですか。実施が受け取りますかね？

上田　受け取るように、受け取らなければならないように、内偵調査報告書を作成するのが腕の見せ所だ。でも検討会は大変だぞ！　実施は海外取引をやりたがらないうえに、ＦＸがなぜ儲かるのか？　など初歩的な質問をされるだろう。

野々村　通常の商売なら売り上げがあって経費がある。脱税は売り上げを除外するか架空の経費を付け込むかのどちらかです。手口は意外と単純で、どんな業種でもマルサには過去に強制調査をしてきた経験の蓄積があるため、脱税スキームを知っている。今更、儲かった理由の説明はいらないですからね。

上田 ところが今回は、儲かったステートメントはあるが、なぜこんなに儲かるのかを説明しなければならない。厳しい質問を浴びせられそうだ。

FXの説明に終始した査察立件検討会

事前に予想していたとおり、検討会は冒頭からFXの説明に終始した。

実施統括官 内偵調査報告書の概要は分かった。相続財産をごまかすためにヴァージン諸島のペーパー・カンパニーに架空の寄附をしたということだな。

千代田総括 そうです。被相続人の生前に寄附をしていますが、寄附時に被相続人は認知症で入院していました。ターゲットがやった行為だと判断しています。

実施統括官 送金手続きは誰がやったの？

千代田総括 伝票の筆跡はターゲットのものです。架空寄附金で間違いありません。

実施統括官 寄附の意志はあったが、入院中で書けないのでターゲットに代筆してもらったのかもしれない。筆跡だけでは架空寄附金との判断はできない。ヴァ

上田　ージン諸島のペーパー・カンパニーは本当に慈善事業をしていないの？

千代田総括　募金活動をした記録も事業活動報告もありません。収集したファンドの口座はターゲット以外から寄附を受けた形跡もなく、ファンドに集まった資金のすべてを投資に振り向けています。

慈善事業をしていれば募金活動なり、事業報告なり、何らかの活動の形跡があるはずですが、そのような情報はありません。ファンドの代表者は設立登記の内容を知らず、投資のための送金手続きをした記憶もないと言っています。そしてファンドでの仕事もなく、報酬も貰っていないと証言していますので、傀儡の代表者であることに間違いありません。

実施統括官　ファンドの口座開設には代表者のサインが必要なんじゃないの？

千代田総括　口座開設手続きは、ターゲットと一緒に銀行に行ったそうです。その後、2億円を資本金で処理したことは認めていますが、その金がいつ、誰から送られてきたものかは知らないと供述しています。

実施統括官　ファンドの代表者はすべてを知らない訳ではないということか……。

上田　しかし代表者が関知しているのはここまでです。ターゲットは寄附の全額をFXや外国不動産に投資しています。この運用について傀儡の代表者は知らされておらず、ファンドの資金を支配、管理、運用していたのはターゲットに間違いないと証言しています。

実施統括官 相続人はもう一人いたんじゃないの？

千代田総括 兄がいますが、あくまで父の意志による慈善事業のための寄附だと聞かされ、納得しているようです。

実施統括官 脱税の実行行為者はターゲット一人ということだな。

千代田総括 そのとおりです。

実施統括官 相続財産の除外については、内偵班の主張どおりでよさそうだ。強制調査をかければ真実が見えてくるだろう。しかし、FXの運用益は納得がいかない。2億円の原資を2年6ヵ月間運用して4億円を超える利益があったと書いてあるが、この利益の生まれる理由について教えてほしい。

上田 ステートメントを単純に集計しただけです。

実施統括官 内偵報告書を書きながら疑問に思わなかったのかね？ 確かに豪ドル／円チャートを見ると、この間に1豪ドルは78円から100円に上がっている。しかし、仮に2億円のすべてを豪ドル／円に投資しても、計算上5600万円の利益にしかならないではないか。

上田　ＦＸは少ない証拠金で取り引きできます。差金決済ですので、証拠金の数倍、業者によっては１００倍のレバレッジで取引ができます。ハイリスク・ハイリターンが醍醐味です。もっとも、証拠金の１００倍もの取引をしていると、為替の変動によるロスカットで反対売買され、強制的に取引が終了してしまいますので注意が必要です。しかし、大きなレバレッジをかけなければ、各国通貨の優劣によって利益が出たり、損失が出るだけで統括官のおっしゃるとおり、極端な利益も損失も出ません。各国の政治状況、通貨政策、経済状況によって為替相場が変動するので経済新聞から目が離せませんが、世界の経済状況を見ながら取引できる投資です。

実施統括官　差金決済？　レバレッジ？　ロスカット？　反対売買？　……何だそりゃ？　まず、ＦＸとはどんな取引なのかから説明しろ！

概ね想定していたとおりの反応だった。税務調査のスペシャリストが集まった検討会だが、ＦＸについて理解している幹部は少なかった。それでも為替相場から計算して２億円の原資で豪ドルを買っても、最大利益でも５６００万円にしかならないと追及してくるところは、さすがに数字には強い。もっとも、マルサの幹部であっても金融商品のすべてを熟知するのは困難なことだ。

上田　FXとは、証拠金を業者に預託し、差金決済による通貨の売買を行う取引のことです。Foreign eXchange を略したものです。

実施統括官　主婦がパソコンで取引をしたり、サラリーマンが昼休みに一斉に取引をして、その影響が相場を左右させるほどの力を見せつけたため、イギリスの経済紙「エコノミスト」が「ミセス・ワタナベ」と呼んだんだったな。海外で知られた日本人の代表的な名前が「ワタナベ」とは意外だがな。

上田　FXの特徴として、外貨を買ってから後で売る取引と、反対に外貨を売ってから買い戻す取引があります。日本円が今後、弱くなる（円安）と予想した場合、日本円を売って外国通貨を買い、反対に日本円が今後、強くなる（円高）と予想した場合には、日本円を買って外国通貨を売ります。

実施統括官　株の信用取引と同じようなものか？

上田　はい。例えば、1ドル＝120円だった時、円がドルに対して弱くなって円安に向かうと予測し、ドルを買って取引を始めることを「買いから入る」と言います。予想通りに円が弱くなって、1ドル＝140円になった時に差金決済（反対売買をしてドルを売って円を買い戻すこと）をすると、1ドル＝120円の時に買ったドルを140円で売ることになるので、20円の利益が生まれます。また、円しか持っていなくても米ドル（USD）を売ってユーロ（EUR）を買う取引も可能です。

実施統括官 なるほど。

上田 FXは高いレバレッジによってハイリスク・ハイリターンの取引が可能ですが、損失が一定額を超えるとロスカットルールによって強制的に反対売買されます。また、ロスカットまでに至らない損失の段階で、追加証拠金の差し入れ（追証）を請求される場合（マージンコール）もあります。

実施統括官 そのへんも、株の信用取引と一緒の仕組みだな。

上田 ロスカット判断は取引時間中に、ほぼリアルタイムで行われていますが、システム状態によっては必ずしもリアルタイムとならない場合もあります。また、週末に海外市場で大きな動きがあると週明けに大きく変動することもあるため、特に高いレバレッジの損切りでは、ロスカットルール以上の損失が発生するケースもあります。

実施統括官 レバレッジはどのくらいまでかけられるんだったかな？

上田　業者によっては100倍のレバレッジが可能です（顧客保護や過当投機の防止の観点から、2010年8月からは最大50倍まで、その翌年8月からは最大25倍までと段階的にレバレッジの規制が実施された）。

実施統括官　信用取引と同様、売りから入ったり、買いから入ったりできるわけか。

上田　そういうことです。ですからドル／円の相場でドルが上がっている時も、下がっている時も相場観さえ誤らなければ利益を上げることができます。

実施統括官　……なるほど。大体理解したが、本当に2億円の原資で4億円を超える利益が出るのかね。

上田　取引記録が残っています。

実施統括官　ステートメントはターゲットのパソコンの中にあったとのことだな。

上田　インターネットで取得してファイルに保管していたようです。

実施統括官　これを見ると、証券会社が証明した書類でもなく、パソコンが得意なら誰でも作成できそうなものだな。ステートメントには名義も書いてあるの？

上田　はい、あります。

実施統括官　これが本当の取引だったと、どうして言えるの？

上田　資金が日本に戻ってきているわけではありませんので、リアルマネーの証拠はありません。外―外取引ですので、外国の証券会社は調べていませんが、もしステートメントが虚偽でしたら、いったい誰が何のために偽造する必要があるのかが理解できません。

実施統括官 その理屈は分かる。偽造して儲かったフリをする理由は、ないな。ところで、上田君はずいぶん詳しいようだが、FXをやっているのかね？

上田 ……今日のために本を買って勉強しました。

野々村査察官と井川査察官がニヤリとしたのに気づいた幹部はいなかった。

検討会でFXの説明が2時間以上続いた。通常の検討会は1時間で終了することから考えても異常な長さだった。最終的に検討会は無事終了し、FXトレーダーへの強制調査の道が開けていった。「初物のFX」の成功が、全国のFXトレーダーを摘発する号砲になった。マルサも新しい情報を必死に飲み込み、時流に遅れまいともがいているのだ。

ある朝、パソコンの前にいつものように座っていたFXトレーダーの目に、防犯モニターに映った複数の男たちの姿が飛び込んできた。気づいた時にはもう遅い。逃げ道も塞がれて万事休すだ。マルサの情報収集能力の高さを思い知らされる結果になるだろう――。

どんどん強化される監視網

ところで、海外での脱税に業を煮やした国税当局が、マルサの監視網をどんどん強化している。

2012年には「日米マルサ同時査察へ　脱税包囲網、当局間で合意」と新聞各社が報じた。国際取引が絡んだ脱税対策として、強制調査権限を持つ日米の査察部が、現場レベルでの情報共有を行う取り決めに合意した。両国同時に連携して強制調査を行うことによって、複雑化する脱税の摘発強化を図ることが目的だ。

また、2016年10月には「財務省と国税庁は脱税調査に際し、クラウドなどインターネット上に保存されているメールなどの情報を、強制的に押収できる権限を認める検討に入った。IT（情報技術）を駆使した悪質な脱税や国際的な税逃れに対応するために、平成29年にも実施予定だ」と報じられた。

調査権限が及ばない海外取引の解明には、ネット情報やメール内容が重要な証拠になる。「初物のFX」の頃は、強制調査であっても、サーバーなどに保管された情報を入手するには、ターゲットの協力を得て、任意で提出してもらわなければならなかった。よって、顧問弁護士や税理士が拒否すると、証拠収集が十分にできない懸念があって、実施が海外事案をやりたがらない背景になっていた。

しかし、法改正によって、査察官が自宅や会社のパソコンを差し押さえた上で、ターゲットの同意がなくても、データを調査できる権限を持てる。また、クラウドなどネットワークに保存されている電子メールや会計帳簿なども、開示を要請して収集できるようになる。これらの改正は、すべて海外で行われた脱税に対応するための布石だ。

国際課税が新たなステージに移り変わってきている。今後、国際的な監視網が整備され、国際取引を使った租税回避スキームが制限されていくだろう。富裕層に優しく、庶民に厳しい税制はあってはならない。

税収が不足し、消費税率も上げざるを得ない状況で、社会保険料も増加の一途を辿っている。しかし、一方で脱税はなくならない。申告納税制度の負の部分だが、自分の税金を自分で計算する制度には高い倫理観が求められるのだ。

これまで国際取引は、マルサのアキレス腱だったが、法の整備によって国際取引こそ、マルサの主戦場にしようとする動きがある。例えば、現在の相続税法では、被相続人（贈与者）と相続人（受贈者）が5年を超えて海外に住めば、海外にある財産には相続税（贈与税）が課税されない。法の抜け穴を利用して、日本で稼いだ巨万の富を子孫に残す合法的な方法で、資産フライトと呼ばれている。

ここ数年、富裕層は次々とタックス・ヘイブンに渡り、慣れない生活に苦労しながら帰国の時をひたすら待っている。しかし、ここにきて、5年で戻れるはずだった法の抜け穴が10年に改正される動きがある。もし、改正されれば、10年間も待つことができない富裕層が別の法の抜け穴を探し、国税との新たなバトルが始まることが予想される。

富裕層の海外資産を監視するツールとして、2014年には国外財産調書制度が、2016年には財産債務調書制度がスタートしたが、両制度とも罰則や加重措置を伴う制度にもかかわらず、海外資産ならバレないと考えて、提出を怠っている資産家も多い。

もし、マルサの役割を脱税調査に絞らず罰則調査（罰則規定を適用するための調査）にまで広げれば、調書の未提出者に対する強烈な抑止力になる。そのために、クラウドなどネットワークに保存されている電子メールや会計帳簿なども、要請して開示させる体制を整えているのではないか？　つまり、国外財産調書や財産債務調書の未提出容疑で強制調査をかけ、調査権限が及ばない海外の資産や取引をネットワーク上から収集して、海外で行われている脱税を引きずり出すことが可能になる。

本章で明らかにしているように、脱税の内偵調査にはとてつもない時間と労力が必要になる。しかし、国外財産調書や財産債務調書の未提出容疑なら、端緒さえ掴めば比較的容易に強制調査令状を請求することができる。

資産フライトを巡る税制改正や国税の本気度を侮《あなど》ってはならない。

コラム4 タックス・ヘイブンとパナマ文書

「パナマ文書」の本質を理解しているだろうか？

タックス・ヘイブンを記事にすると、どうしても「富裕層や多国籍企業による国境をまたいだ過度な節税」といった表現になってしまうようだが、両者の本質は違う。富裕層は租税回避が目的であるのに対し、多国籍企業は利益追求が目的だ。本来、別々の問題をいっしょに語ろうとすることで無理が生じ、読者を混乱させているように思える。

そもそもタックス・ヘイブンとは、一般的に税金が存在しないか、極めて低税率の国・地域を指す言葉だ。中南米を中心とした小さい島国が多く、これといった産業もない。これらの国は金融取引に対する課税や法人税などが非課税、もしくは極めて低い税率を適用し、その見返りとして口座開設や会社登記の手数料収入を得ている。

マルサ時代にヴァージン諸島にある会社の調査依頼をしたことがあるが、報告書にはビーチ近くの古びたアパートの写真が添付してあり、郵便ポストがあるだけのペーパー・カンパニーの存在が浮かび上がった。

グローバル企業が使っている節税スキームは、法人実効税率の違いを利用した所得の移転だ。例えば、日本の実効税率は30％でシンガポールは17％とすると、日本国内に1億円の利益があれば3000万円の法人税を納めなければならないのだが、シンガポールにその利益を移転させれば1700万円の納税で済むことになる。

　利益を移す方法は様々あるが、シンガポールにペーパー・カンパニーを作り、そこから資金を借りて利息を支払う方法などがある。利息は国内会社の経費（支払利息）になるため国内の利益が減って、シンガポールの会社に利益（利息収入）が移し替えられる。これらの行為は、現行税制では合法のため、取り締まることはできないが、今後は税率の違いを突いた節税に一定の歯止めをかける動きがある。

　パナマ文書に名前があった企業が「ジョイントベンチャーなどで法人を設立した」と記者会見していたようだが、信憑性がある話なのかを国税が慎重に検討しているだろう。もちろん、証拠書類や銀行口座を確認すれば本当の話なのかどうかは判断できる。

　一方、超富裕層と呼ばれる人々も同様の手口で利益を移転している場合もあって、一部に税制のスキを突いた租税回避行為もある。しかし、個人や中小企業がタックス・ヘイブンを利用する主目的は、ずばり資金洗浄と脱税で、所得の移転とは区分して考えるべき問題だ。

　タックス・ヘイブンは秘密保持やプライバシーの保護を売りにしてきたが、悪用が可能なため、非合法な集団や脱税者に利用されてきた歴史がある。匿名性が高く、マルサの強制調査をもってしても、容易に手を突っ込むことができない。

そのため海外で儲けたＦＸや投資の利益、さらには相続財産を隠すにはもってこいなので、不正の温床になっているとの指摘がある。日々の暮らしでいっぱいの庶民にとっては脱税など無縁のため、不信感と不公平感が渦巻いている。

ＯＥＣＤが悪質なタックス・ヘイブンの基準を策定した。該当する国・地域のリストを作って、情報開示に非協力的な国に制裁も検討している。国際ルールには１００ヵ国・地域が参加し、金融口座の情報を各国が定期的に交換する枠組みを整備するようだ。ちなみに日本で影響が大きいのは、歴史的にも地域的にもヴァージン諸島や香港、シンガポールの隠し口座だ。

脱税は７年間遡って調査することができる。つまり、脱税をした瞬間に、７年間も税務署の影に怯えて暮らさなければならない。富裕層や脱税者たちがＯＥＣＤの構築する情報交換の枠組みを、固唾《かたず》をのんで見守っている。

第五話　「口座売買屋の暗躍」篇
――マルサの女、そして家族

あっ！　せっかく押収したのに！

マルサの女の不幸

マルサは今でも、典型的な男社会だ。上田がマルサに配属された頃は、マルサ全体で7〜8人の女性査察官（約2％）しかいなかった。

だが、特殊関係人などが、衣服の中に通帳や印鑑を隠すケースもあり、下着の中まで確認する場合がある。必要があると認められれば、強制調査では着衣の捜索が可能なのだ。そのため、特に実施班には女性査察官は無くてはならない存在である。

今では各部門に1〜2名、マルサ全体で50名（約10％）の女性査察官が配置され、女性ならではの閃《ひらめ》きを発揮しているようだ。上田の在籍中は、仕事に追い立てられていて、女性査察官に恋愛感情をもつ余裕などなかったが、近頃では〝社内恋愛〟もあると聞く。

女性査察官というと、上田には忘れられない困ったエピソードがある。その日の張り込みのターゲットは、なんと女性査察官だった。

上田　何年か前に、本人の希望に反してマルサに配属された女性がいたんだよ。しかも、机が俺の隣でね。

大分　マルサに来るには、本人の希望が絶対条件ですよね。特に女性査察官は。

上田 そうなんだけど。自分の就きたい職のために選抜研修に行く必要があった。選抜に有利になるよう、国税局での勤務経験が欲しかったらしいんだ。でも、そんな動機で勤まるわけがない。そのうち無断欠勤するようになった。電話も出ない。

大分 それで、どうしたんですか？

上田 女性査察官がマルサに来たということは、誰かが推薦したということだ。

大分 マルサ出身の税務署幹部の推薦が必要ですからね。

上田 推薦した幹部を傷つけるわけにもいかず、出勤拒否を表沙汰にもできずに1週間待った。しかし、何度電話をしても出ないため、統括官から「女性査察官の自宅を張り込め」との指示が出た。

大分 マンションに一人暮らしですか？　それにしても嫌な仕事ですね。プライバシーの侵害と言われかねません。

上田 プライバシーを覗こうなんて気持ちはこれっぽっちもないよ。何か事件に巻き込まれていたり、自殺でもしていたりしたら困るだろう。無断欠勤を表沙汰にしたら、女性査察官がますますマルサに来なくなる。

大分 それでどうなったんですか？

上田 2日間張り込んだが、結局、一日中マンションに籠もっていたよ。統括官の判断

大分　で事件や事故でないなら黙ってておけってことになってってね。その間の仕事は周りの人にしわ寄せがいきますよね。

上田　そのとおり。俺もマルサ8年目になってってやっと末席から抜け出して、机拭きとお茶汲みから解放されたと思ったら逆戻りだ。

大分　それでどうなったんですか？

上田　2週間後に何事もなかったように出勤してきた。風邪をひいていましたってってね。お咎《とが》めは何もなし。それどころか統括官が、またこんなことが起きないように、全員が女性査察官に気を配るようにってってね。

大分　厳しい職場ですからね。女性に限らず男でもあることです。その後、女性査察官の人事はどうなったんですか？

上田　1年でマルサを出された。幹部は大変だったと思うよ。いろいろ周りの影響を考えながら、それでも、そのままマルサに置いておくことはできなかったんだろうね。残しても、マルサも女性査察官もお互いに不幸だ。

マルサの女のスカート

大分　ところで、女性査察官が増えてきましたけど、上田さんはどう思っています？

上田 班の雰囲気が明るくなっていいよね……でも女性査察官も大変だけど、こっちも大変だよ。当時は4人チームだったから張り込みの時に困った。まさか徹夜になったら女性を帰さないわけにいかないだろう。本人は大丈夫と言うが、何かあったら大変なので終電には帰すのだけれど、それが何日も続くと本人もつらい。張り込みはペアでやるので、ペアリングにも気を遣う。

大分 そうですよね。車で何時間も潜んでいなければなりませんしね。

上田 男なら簡易トイレで粘れるし、どうしてもって時には、外で用を足せば済むが、女性はそうはいかない。夜中になったら店も閉まってトイレを借りられない。

大分 本部で徹夜をしているなら大丈夫ですけどね……。

上田 いや。本部も大変だぞ。あらかじめ徹夜が決まっていればいいが、急に決まるから泊まる準備をしていない。夏は冷房も止まって汗だくで仕事をするから、女性はかわいそうだ。着替えもなく、朝になったら化粧が落ちて……。

大分 本部の地下売店には下着も靴下もワイシャツもあって、何度も世話になりました。マルサを希望する女性は、スカートを穿《は》けず、おしゃれもできない。

上田 おしゃれなんて考えている場合じゃないだろう。ところが、ある女性査察官が新人の頃、銀行調査にスカートで来たんだよ。

大分　本当ですか⁉　銀行調査と言ったって、僕ら下っ端は、伝票や資料出しで肉体労働じゃないですか？

上田　20代後半の2年目の査察官だったが、1年目に少し甘やかされていたのかもしれないが、何度かスカートを穿いてきた。尾行はいきなり始まる時もある。まずいと思っていたんだが、注意しづらいのでしばらく黙っていた。

大分　上田さんでも女性には遠慮するんですね。

上田　うるせー。

大分　1年目に注意を受けなかったんですかね？

上田　分からないが、俺が注意すれば1年目の時の先輩を傷つけることになる。

大分　1年目の三席は何を教えていたんだってことですね……。

上田　ところが、ある信用金庫に調査に入ったとき、伝票庫が高い棚になっていて、梯子を使って上るタイプだったんだ。

大分　10段くらいの棚になっていて、年月日順に伝票を並べてあるタイプですね。

上田　そう。その日は伝票を100日分くらい運ぶ必要があった。

大分　上田さんが伝票運びですか？

上田　力仕事だから仕方ないだろ。でも俺、実は……高所恐怖症なんだよね。それで彼女に、「梯子を押さえるから登って伝票を取ってください」とお願いしたんだ。

大分 相手はスカートですよね。しかもタイトな短めの？

上田 しょうがないだろ……高所恐怖症なんだから。

大分 それで、どうなったんですか？

上田 結局、俺が震えながら取ることになったよ。しかし、その日から彼女は絶対にスカートを穿かなくなった。そして……俺の下に女性査察官が来なくなった。

大分 ……高所恐怖症って、本当ですか？　梯子に登って伝票を調べている姿を何度も見ましたけど。

上田 ……いつの間にか治ったようだな。あまり気にならなくなった。

この年のメンバーは証券取引等監視委員会から戻ってきて2年目で、酒飲みだがマルサの厳しい職場環境でも、毎朝、子供の弁当を作ってから出勤していた子煩悩な土橋チーフ。次席に上田査察官。三席は、資産税からの交流人事でマルサに来て1年目の中園査察官。中園査察官は寡黙で、仕事以外の会話をしない。末席は運動推薦枠でマルサに来たと噂のあった、国税局野球部のエース大分査察官の、4人だった。

復活して悪さをする休眠口座

預金口座に休眠口座と呼ばれる口座がある。学生時代に使っていた口座、結婚前に使っていた旧姓の口座、転勤や転居で使わなくなってタンスの底に眠っている口座。これらの口座を使用しないで10年間放置していると、休眠口座として解約扱いになる。

全国銀行協会の自主ルールでは、10年以上の間に利息収入以外の動きがない口座で、残高が1万円以上あっても預金者と連絡が取れない口座、又は残高が1万円未満の口座を休眠口座としている。

全国の金融機関におよそ12万口座にものぼる休眠口座があると推定されているが、一度休眠口座になっても通帳と印鑑と本人確認ができる免許証などを持参すれば、口座を復活してもらえる。上田は休眠口座が突然復活して悪さをすることを、経験上知っていた。

休眠口座の中には仮名預金や借名預金も数多く存在している。はるか昔に仮名預金を作って貯め込んだものの、相続人にその存在を伝えることなく旅立ってしまったケースや、仮名預金の印鑑を紛失したため引き出せなくなったケースもある。仮名預金であるがゆえに、印鑑を紛失すると、本人確認がとれず、預金を引き出すことができない。

銀行窓口で本人確認を徹底するようになってから激減したが、過去には様々な手を使って仮名預金が作られていた。仮名口座を開設する手口の一つは、国民健康保険証の偽造だ。パソコンの普及によって色つきの厚紙を使えば、一昔前の健康保険証なら簡単に偽造ができたため、たくさんの仮名預金や借名預金が存在していた。

現在では多くの市区町村で偽造防止のための対策を採っているようだが、調査で不審な口座を見つけ、口座開設に使われた健康保険証を調査していくと、役所では採番していない、ニセの保険証だったケースが数多く存在した。

ところで、ネット上には口座売買についての書き込みがたくさんある。裏のアルバイトとして小銭欲しさに、安易に口座を売る人もいるようだ。リサイクルショップも普及し、自分の使っていない物を売る考え方が定着してきた影響があるのだろうか？

カバン、電気器具、本、文具、洋服……。時に想像もしていなかった物が売買されていることもある。それにしても、自分名義の銀行口座を使わなくなったからといって「もったいないから売る」と考えるのは、少し話が飛躍しすぎのような気がする。

携帯サイトでしばしば目にする口座売買の裏アルバイト。果たしてそこに危険はないのか？　なぜ銀行口座が売られているのか？　どうやったら口座を売ることができるのか？　誰が売っているのか？　売られた口座はどんな使われ方をするのか？

ネット上に氾濫している闇の商売に潜む危険について、少し話しておきたい。

あぶない口座売買

サイトの掲示板を見ていると、銀行口座を買い取るといった内容の書き込みがある。相場は一口座で2万～4万円。この金額を高いと思うか？　安いと思うか？　個人の懐具合によるのだろうが、わずかなおカネのために口座を売る人も少なくないようだ。

学生が卒業と同時にUターンや就職で住所が変わり、近くに支店がないため使わなくなった口座を売却する。結婚前に使っていたが、解約手続きを忘れてしまった旧姓名義の口座を売却する。日本に留学や仕事で来ていた外国人が、出国する際に使わなくなった口座を売却するケースもあるようだ。しかし、わずかなカネに目が眩《くら》んで口座を売却すると、後で大きなしっぺ返しを食らう可能性がある。なぜなら口座売買で人手に渡った口座は、百パーセント違法行為に使われるからだ。

他人名義の裏口座は、オレオレ詐欺やネットオークションの先振り詐欺の振込口座に使われるなど、詐欺師たちにとって使い道に事欠かない。

詐欺に使われた口座は騙し取った代金を振り込ませるためのツールでしかなく、ある程度のカネを稼ぎ出せば、警察に捕まる前に全額を引き出して捨ててしまう。裏口座を買った者にしてみれば自分名義の口座ではないし、たかが数万円で購入した口座であり、危なくなったら処分して再び購入すればいい。使い捨て感覚で使われているのが現状だ。

オレオレ詐欺の口座で詐取したカネは、振り込まれた数分後には引き出されてしまう。被害者が詐欺に気づいて通報すると、警察は即座に口座の停止要請をするが、騙し取られたカネは既に跡形もなく消えている。近頃では、銀行側のガードが固くなっているため、銀行口座を使わず、郵送や宅配便を使って送らせるなどのケースも増えている。

停止要請した口座の名義人は、警察が調べればすぐに分かる。そして、名義人のもとに警察がやってくる。「軽い気持ちでお金欲しさに口座を売却した。犯罪や詐欺に使われるなんて思いもしなかった」などの言い訳をしたところで後の祭りだ。

口座売買自体が禁止行為のため、検挙されてしまうこともある。法律では通帳やキャッシュカードの売買・譲渡を行った者は罰金50万円以下、商売として行った者は懲役2年以下又は罰金300万円以下の刑が科される。

オレオレ詐欺の被害拡大をきっかけに、銀行は不審口座を管理して不正に使われている可能性のある口座を「疑わしき口座」として金融庁に報告している。が、実際にはその前に危険を察知してトンズラしたり、既に警察から口座の凍結要請が来ている場合も多い。

つまり、詐欺が発覚した時点では犯罪が完了していて、犯罪者は既に安全な場所へ隠れてしまっているため、口座を売却した人だけが罰せられていることさえある。わずかなお金の為に、人生を棒に振ることになりかねない。これが口座売買に潜む危険の実態だ。口座売買は表立った広告ができないため、携帯の求人サイトなどに潜んで募集をしている。

そして、こうした口座が脱税に使われるケースもある。

脱税は決算期末に行われる

マルサの内偵調査は、情報収集先の税務署でも秘匿して行われている。ターゲットの情報収集はもちろん、関係会社の申告書を収集する時にも、所轄税務署にどこの会社を狙っているのかを教えない。

税務署内の書庫でも調査対象とは別の会社の申告書に目を凝らし、脱税のにおいのする会社を嗅ぎまわっているため、思わぬお宝を見つけることもある。時折、勘のいい調査官がどこを狙っているのかを探りに来る。マルサが追っている会社なら、脱税をしていることは間違いない。しかし、「大口かつ悪質」が着手の条件のため、マルサがやらない場合、税務署ではお宝事案になるのだ。

ある日、いつものように都内の税務署で内偵調査をしていたところ、収集すべき関係会社の隣に、見覚えのある会社名のファイル（法人番号ごとに毎年の申告書を綴ったもの）があった。以前、どこかで会社名を見た記憶があるのだが、何だったのかは思い出せない。

何気なくファイルを覗き込むと、買掛金の内訳に気になる記載があった。㈱高本産業

467万1000円、鈴木企画㈱389万2000円、㈱渡部工務店472万3000円、㈱工藤企画357万2000円（いずれの会社名も仮名）、その他の買掛金8934万8000円、買掛金合計1億620万6000円。

一般の人にも分かるように少し説明しておこう。買掛金とは、掛け取引によって商品を購入した際に代金を支払う義務（債務）をいう。簡単に言えば会社が負っている未払い金のことで、仕入れ代金の未払いもあれば外注費の未払いもあるが、確定申告書には決算期末の残高を明細にして記載しなければならない。

期末の買掛金に並んだ会社名がなんとなく似ているような気がして、査察官の感性が蠢《うごめ》いた。特徴として漢字4～5文字の会社であり、㈱渡部工務店を除いて、会社名から業務内容が推測できない。

今でこそカタカナの会社名が増えたが、本来、会社名は自社の業務を一見して分かるようにつけるのが一般的で、業務内容が想像できない社名をつけることは希なケースと言える。また、この会社の業務はビル管理、清掃、メンテナンスとなっているが、ビル管理会社から工務店へ外注費を支払うことに違和感を持った。

脱税をする会社の特徴として、決算期末になって税金を計算したところ、思った以上に利益が出すぎて、慌てて利益調整をするパターンがある。決算期末に慌てたところで過ぎ去った日々は戻ってこないことを悟って、年貢を納めれば良いのだが、中には過ぎ去った時間を取り戻そうとする人もいる。

具体的には、支払った領収書の日付を変更したり、決算期末に完了している工事が終わっていないことにしたりして工事代金の請求を遅らせ、今期の収入になるべき代金を翌期の売り上げとして繰り延べる。このような人間の行動性向を見透かし、税務調査では決算期末の取引を重点的に見直している。

上田は税務署に赴任した初年度から調査部門に配属され、マルサを含めた26年の国税勤務のうち、23年間を調査畑で過ごしたため、調査が体にしみ込んでいる。この日も心に蠢いた微かな感覚を大事に、不審な会社の買掛金明細だけをコピーして国税局に戻った。あくまでも今日の目的は、追いかけているターゲットの関係会社の情報収集で、期末買掛金が気になる会社の買掛金明細を収集したのは思いつきの行動だった。

KSKシステムで浮かび上がる事実

追いかけていたターゲットの調査報告書をチーフに提出し、思いつきで収集した会社の申告状況を調べ始めた。しかしこれから述べるように、とくに確信があった訳ではない行動に、とんでもない結果がついてきた。

買掛金明細に並んだ外注先をＫＳＫ（国税総合管理）システムで調べると、商号変更を繰り返して法人税の申告をしていない多数の会社が浮かび上がってきた。思いつきで収集した会社の期末買掛金に記載された会社のうち、４社も確定申告をしていない事実が判明した。実際に調査をしてみなければ断定できないが、査察官の勘としてこれは異常だ。

この事実をどのようにとらえるか？　実際に使った外注先が４社も確定申告をしていないと考えるのか？　それとも確定申告をするはずのない会社を、決算期末の買掛金に計上したのか？　答えは自ずと見えてくるはずだ。

銀行口座の開設には本人確認のために商業登記が必要だ。仮名口座の作成方法の一つに倒産寸前の会社名で口座を開設し、商号変更して売却する方法がある。

「決算期末の架空外注費計上では？」……思い付きが想定に変わって、なんとなく、パズルが解ける気がした。いきなり新たなターゲットをロックオンした瞬間だった。

ターゲットの申告状況を調べると、売り上げが毎年20％も伸びているにもかかわらず、営業利益に大きな変化がなく、法人税額がほとんど増加していない。普通の会社なら、売り上げに伴って利益も増加し、税額も増えるはずだ。売り上げの伸びを吸収する原因は、外注費の増加。架空外注費の計上による利益調整が、にわかに現実味を帯びてきた。

上田　チーフ。面白い会社を拾ったので、もう一度、税務署に行ってきます。
土橋チーフ　どんな会社？
上田　ビルのメンテナンスとなっていますが、ビル清掃業務のようです。
土橋チーフ　申告状況はどうなっているの？
上田　好況です。直近の決算期の売り上げは約14億円で、毎年、売り上げが20％伸びています。
土橋チーフ　好況な会社なら調査があるはずだね。調査状況はどうなっている？
上田　2年前に所轄税務署がやってます。今回の端緒は、調査では見つかっていないようですので、調査状況を含めて収集してきます。

チーフに調査状況を説明して、再び税務署に引き返した。ターゲットの申告書は、一部を収集しただけだったため、今度は過去の調査状況を含めた申告内容と保有情報を、細大漏らさず収集する必要があった。
ターゲットが架空外注費を計上している事実を証明して、フラッグを掲げなければならない。税務署で収集したターゲットの申告状況は、上田の見込み通りの内容だった。

上田　チーフ。面白い会社です。調査では今回拾った架空外注費を見逃しています。調査の指摘事項は、売り上げの繰り延べと交際費の否認だけです。

土橋チーフ　税務署の調査も困ったもんだな。買掛金の内訳に出ている外注先を、ＫＳＫで調べるだけで架空外注費が見つかるのにな……。

上田　ちょっとお粗末ですね。しかし、税務署の調査官はＫＳＫを自由に使えませんからね。調べる前に統括官に報告して、事後に使用状況のチェックを受けるようです。

土橋チーフ　確かに情報管理は重要だろうが、調査官の目線ではないね。調査の経験がない奴らがルールを決めるから、理解しがたいルールになるんだよな。

次にすべきは銀行調査だ。高本産業や鈴木企画の口座はどんな動きをしているのか？　想像どおりなら、口座は架空経費の特徴を示すイナズマ口座になっているはずだった。

ＫＳＫを使用するには、事前に担当統括官の決裁を受ける必要がある。数年前、職員が私的に会社情報を使用したことがマスコミ報道され、管理体制が強化された結果だ。

しかし、調査は感性と閃きによって展開していくものだ。調査官が閃いた時にＫＳＫ端末をたたいて調べることが重要で、統括官に使用理由を説明できない場合も多い。

調査の第一歩は調査官の思い込みから始まる。調査にのめり込まなければパズルのキーは見つからない。考えて、思い込んで、悩んで、また原点に戻って考える。試行錯誤を繰り返していると思わぬキーに辿りつくことがあるのが調査だ。調査官がＫＳＫの使用を少しでも面倒くさいと思った瞬間に、キーは逃げていく。

退職した職員が余計なことをと言われるかもしれないが、国税が開発した有力な武器を有効活用するため、管理する側の理論ではなく、調査官の使い勝手のいい運用をすることが、巷で囁かれる調査能力の低下に、歯止めをかける一助になるのではないだろうか。

銀行調査の必要性

メガバンクは税務調査のための調査センターを設置している。センターができる前は、各支店まで出向いて調査をしていた。もちろん、各支店にはその店の調査資料しか揃っていない。調査で主に確認する書類は銀行の備付元帳と入出金伝票だ。

ところが、銀行では顧客のニーズによってネット取引（僚店取引）が幅広く使われている。そのため例えば、Ａ支店の口座をＢ支店で動かすことが可能だ。もちろんＢ支店の口座をＣ支店やＡ支店で動かすことも可能なため、口座の動きにネット取引があると、たった一日分だけを調査する場合でも、ターゲットが取引をした支店に改めて調査に入らなければ伝票調査ができない。

そしてネット取引を調査した結果、新たな関連口座が見つかると、再び関連口座を開設した支店に調査に入って口座の動きを調べる。もちろん新たに見つかった口座が既に調査を終了した支店でネット取引をしていれば、元の支店から調査をやり直す必要がある。

このように銀行調査には行ったり来たりの調査ロスが必ずあって、ロスを極力少なくするため、追いかけているターゲットの口座の動きから調査する側と、銀行に存在する口座をすべて調査し、ターゲットに繫がる口座を探す側に分かれて、作業効率を上げている。

ロスが多いため、十分な調査日数が確保できない税務署では、銀行調査を敬遠せざるを得ないことも多く、調査技術を持っているのは一部の調査官に限られるため、銀行調査は税務調査の最高峰の技術と呼ばれている。

税務署が多忙のために銀行調査を敬遠しがちだということを、知っているのかどうかは定かではないが、振り込みさえしておけば大丈夫と考えて、脱税者が大胆な架空取引をするケースが後を絶たない。

例えば、多額の経費を現金で支払ったと主張しても、税務署の調査官はやすやすとは信用しない。領収書があっても普通の商取引であれば、ある程度の金額なら、事故防止の観点から振り込みや小切手を使うことが一般的だからだ。ところが、口座に振り込んでしまえば大丈夫と考える傾向があるようだ。

ところで、今回の内偵調査の手順を考えると、真っ先にターゲットのメイン銀行から調査に入る必要があった。なぜなら、決算期末に計上された不審な買掛金は、ＫＳＫの検索結果から架空取引と想定できるものの、実際の資金決済を確認し、もし振り込みなら、振込先の口座番号を突き止めてから、改めて口座の開設銀行に調査に入る必要があった。

そして、調査先の口座開設届から、会社名や代表者名を特定し、その会社が本当に架空の会社なのか？　移転や商号変更によって、ＫＳＫシステムでは絞り切れないだけではないのか？　を確認する必要があった。

調査日数の予測として、メイン銀行の口座から流出する、不審な外注費の振込先を抽出するのに７日間。振込先の調査が、一行につき４日間。口座がネット取引をしていることを考慮すると、一つの架空口座を調査するために、少なくとも10日間が必要だ。もちろん、ネット取引が増えれば増えるほど、調査日数はどんどん膨れ上がる。

現在、架空と思われる外注先が20社もあるため、最多で20行の調査が必要になる。すると、単純計算で調査日数が２００日を超える予想が立った。しかし、２００日もかかるということは、今年度中に内偵調査が終わらないことを意味していた。

ところが、ターゲットのメイン銀行の調査を終えると、不審な外注費の振込先が、あるメガバンクだけに集中し、しかも、口座開設支店が重複しているため、調査すべき支店が9店舗に絞られた。ただし、これはあくまでも口座を開設した支店の調査の話であって、各々の口座が様々な支店でネット取引されていれば、それぞれに調査が必要になる。結局、やってみなければ結果は分からない。

それにしても、膨大な調査日数を想定していたが、調査センターで効率的に調査ができるため、大幅な短縮が可能になった。効率的な観点からもツキがあって、調査が上手く回転し始めた証拠だ。どこかで調査の女神が微笑んでいるような気がしていた。

上田 ラッキーだね。一昔前なら各支店に調査に行かなければならないため、1年かかっても終わらなかったかもしれない。家族サービスの時間もとれそうだ。

大分 ええ。架空外注先を20社も使っているのですから、ターゲットはよほど慎重な性格なのでしょうね。

上田 もちろん慎重なヤツだよ。バレないように架空外注先を分散している。恐らくターゲットには、規模の大きな外注先がないんだと思う。買掛金の内訳からも、外注先の上位4社が架空会社だ。税務調査があれば真っ先に確認される外注先だ。

大分 普通ならメインの外注先は本物で、小さい外注先を架空にするはずですよね。なるべく目立たないようにするために。

上田　そうしたいけどできなかったんじゃないかな。儲かりすぎて期末に慌てて架空計上したため、尻尾を隠しきれなかった。こんなところだろう。

大分　しかし、20社もの架空口座をよく集めましたね。

上田　そこだよ。何か気づかない？

大分　何ですか？

上田　使っている銀行が一つのメガバンクに集中している。不思議だとは思わない？

大分　偶然にしては多すぎますね。少し偏りすぎています。

上田　そうだろう。口座売買屋の暗躍だと思うよ。何となく架空口座の会社名も似ていると思わない？　同じ人間が考えた会社名だから似てくる。

大分　なるほど。そうですね。そう言われれば似ています。

上田　口座の作成方法も同じだろう。

大分　店頭に行かなくても口座が開設できるメールオーダーサービスです。

上田　メールオーダーサービスなら本人確認が甘くなる。会社の口座なら商業登記があれば大丈夫だ。実際に口座売買屋が絡んでくると面白いよね。もし強制調査に辿りつければ、仮名口座の売却先リストがあるかもしれない。

大分　面白いですね。仮名口座は必ず裏取引に使われますので、リストを上手く使えば脱税者リストになります。

上田　そのとおり。もしかすると、それを端緒に新たなターゲットが見つかるかもしれない。仮名口座の販売先リストがそのまま脱税会社リストだ。

当時、新規口座開設時の本人確認は、今のように厳しくなかった。銀行もどちらかと言えば新規口座を欲しがっていた時代で、表面上の書類が揃っていれば、口座の開設が可能だった。そのスキを突くのが地下経済の暗躍者たちだ。

メガバンクの調査センターとは？

銀行調査が始まった。調査センターで各支店の調査資料の提出を受け、架空口座の動きを確認していくと、振り込まれた資金は当日中にＡＴＭや窓口で全額が引き出され、すべての口座がイナズマの形をしていた。

出金場所は上野や渋谷、池袋などの繁華街に集中していた。大きなターミナル駅周辺の店舗は一日の来店客が普通の店より格段に多く、入出金伝票が分厚い。最近ではＡＴＭ取引が増えたため、窓口での取り扱いは減ってきているようだが、当時は月末になると入出金伝票が30~40冊（一冊が10㎝程度の厚さ）にもなり、その一枚一枚の伝票をめくって現金を引き出した者を探していく作業だ。

伝票にはターゲットが来店した時間、筆跡、出金した札の種類など様々な情報が記録され、調査のキーになる。もちろんATMの取引にも同様の記録が残るため、ターゲットが残した足跡を丹念に調べて証拠収集をしていくのが内偵調査だ。

銀行に現れた者を特定するため、防犯ビデオの確認をするケースもある。銀行調査中はたわいもない話をしながら調査を進めるが、絶対にターゲットの話はしない。かつては銀行に盗聴マイクが仕掛けられ、マルサの内偵調査が筒抜けになっていたこともあった。

ここで、メガバンクの調査センターを紹介しよう。一般人には縁がないため、各行のホームページには、場所はもちろん存在さえも記載されていない。銀行の重要書類の保管場所のため、セキュリティーの問題もあって紹介していないのだろう。

基本的には巨大な伝票保管庫となっている。各支店からの伝票をトラックで運び込む必要があって、あまり交通の便の良い所には設置されていない。東京の調査センターには東京圏の全支店の伝票が保管されているため、依頼すると大きな段ボール箱に入った伝票をフォークリフトで運んでくるセンターもある。

センター内には、3畳ほどの小さな部屋が20部屋ほど用意されている。東京国税局の職員はもちろん、全国の国税局や税務署から調査官や警察官などが調査に来ているため、部屋はいつも満室だ。その中でもマルサの内偵班が、独自のターゲットを追ってかわるがわる調査しているため、ここはマルサの男で溢れ返っている。

ひと昔前は、小田原支店の調査なら、実際に小田原まで出かけて行って調査しなければならなかったのに比べ、調査が飛躍的に楽になったのは言うまでもない。何といっても調査効率が上がったのがネット取引だ。センター内に保管されている支店の伝票なら、どこの支店でも調査をすることができる。

伝票と共に保管してあるのが、各支店にある口座の異動履歴だ。全口座の異動履歴をマイクロ化して、CD－ROMやコムフィッシュで保管している。顧客口座は月ごとに口座番号順に並んでいるため、調査は顧客の取引を抽出するところから始まる。

抽出が終わると伝票調査だ。ネット取引を確認しながら、支店ごとに保管してある入出金伝票の閲覧を依頼する。連動する口座が見つかれば、開設銀行にわざわざ行かなくても口座の異動履歴を確認することができる。センターに保管されているのは、調査に必要な基本簿書だけのため、防犯ビデオなどは各支店に行かなければ調査できない。

上田は調査センターに1ヵ月通って、すべての架空口座の動きを確認した。そして、口座を操る人間を特定するために防犯ビデオを確認すると、そこにはターゲットの社長の姿が映っていた。その結果、架空取引が確定した。なぜなら、外注先に支払ったはずの資金を自ら取りに来たら架空取引以外は考えられないのだから。

上田　すべての口座がイナズマだ。資金が振り込まれると同時に全額が引き出される典型的な架空取引。しかも決算期末に集中して口座が動いている。決算期末に1回動いて、翌月と翌々月のたった3回しか動かない。翌月と翌々月の合計額は買掛金の額に一致している。

大分　並べると、口座が同じ動きをしていることがよく分かりますね。すべての口座が決算期末に3ヵ月間動いた後、ピタリと止まって動かない。しかし、20口座も同じ動きをすると、同一人物が動かしていることが一目瞭然ですね。

上田　それもそうだけど、もっと決定的な証拠が見つかったよ。窓口での出金は入出金伝票を書くため、行員に見破られる恐れがあって別名義を同時には動かせない。だから同じ日に動かしても、出金時間を1時間ほどずらしている。一度現金を下ろして再び銀行に来ているのだろう。しかし、ATMでの出金は2口座を同時に動かしているんだ。A社から出金した直後に、同じATMでB社から出金している。たった一度だけど、同じ人間が違う口座を動かしている証拠だ。

大分　ターゲットの下請けA社とB社が、同じATMに並んで出金することなどありえませんからね。

上田　あとはタマリだね。資金をどこに隠しているかだ！

広範囲に散らばる架空口座の名義人

架空外注先の本店所在地は、北は宮城県から南は神奈川県相模原市まで広がっていた。もちろん正式名称が判明しても、確定申告は見当たらない。商業登記から各社の事業は輸入日用雑貨や健康食品の販売、住宅設備販売や貴金属の販売業で、おおよそビルメンテナンスや清掃業には関係ない会社だということが判明した。

架空会社の代表者はそれぞれ別人で、各々に人的な繋がりは見当たらない。そして、すべての会社が商号変更後に倒産していた。倒産した会社の社長を追跡調査すると、別の会社に社員として勤務する者や、建設作業員として作業員寮を転々としている者もいた。中には社長が既に死亡しているケースもあった。

倒産会社の現在の所在地は、既に他の会社になっていたり、空き部屋になっていたり、地域再開発による建て替えで新築マンションに生まれ変わっている場所もあった。すべての状況が、ターゲットが計上した外注費は架空取引であることを決定づけ、口座の開設には口座売買屋がかかわっていることが推測された。

大分 架空会社が広範囲ですね。これなら口座売買屋以外は考えられません。

上田 自分で架空口座を作ろうと思ったら大変だからね。新たに開設するには商業登記や本人確認書類が必要で、しかも銀行の本人確認は意外と厳しい。

大分 倒産情報を聞きつけて登記簿や印鑑を買っているのでしょうか？

上田 手段はいろいろあるのだろうが、困った人が少しでも金が欲しくて会社の口座を売るケースはある。

大分 各社の印鑑届は同一筆跡のものもありますが、ターゲットの社長のものではありません。口座開設した人物を知りたいですね。

上田 強制調査に入れば分かるはずだ。この事案はそこが楽しみだね。

土橋 タマリも見つけたいね。建設関連業種ではないのでキックバックはないと思う。しかし、タマリがないと実施が嫁に取らないぞ。

大分 タマリはどこですかね？　雲を摑むような話ですが、張り込みをやりますか？

上田 口座は既に止まっている。口座が動いている時でもターゲットは、上野支店や渋谷支店、池袋支店に現れたりと神出鬼没だ。出金日は分かるが、たくさんの応援が必要だから、張り込みは最終手段だ。尾行するなら決算期末を含んで3ヵ月しかチャンスはない。その場合は、子供と遊びに行く約束もおあずけになるな。

「逆L口座」の発見

脱税の手段は見つけたが、もう一つの証拠のタマリが見つかっていない。タマリを発見するには、自宅を長期間張り込むことが有効だ。ターゲットの日頃の動きを見つめることで特殊関係人が見つかったり、隠し別荘が見つかったり、貸金庫が見つかる場合もある。

長期戦の張り込みを想定した準備の最中、意外なところからタマリが見つかった。税務署が保管していた過去の調査記録に、代表者の株式投資記録が残っていたのだ。ダメ元で証券会社の口座を洗ったところ、あまり期待していなかった証券会社にタマリがあった。口座には株式投資の記録とともに、資金を運んでくるルートが鮮明に残っていた。

証券会社への送金元は、現在の自宅からは遠く離れた、かつての住居近くの信用金庫だった。転居でしばらく使っていなかった投資口座が架空外注費の計上とともに再稼働し、遠隔地の信用金庫から1700万円もの資金が振り込まれていた。

上田　余裕が出てきて再び株式投資を始めたようだね。

大分　以前は投資で大きく負けていたから、取り戻すために再び始めたのでしょうか？

上田　気持ちは分かるね。俺も勉強のために有り金を叩《はた》いて株式投資をやってみたけど、勉強不足で大怪我したよ。妻からはこっぴどく叱られたな。

大分　いつごろですか？

上田　始めたのが平成元年。バブルの弾ける寸前の最高値を摑んだものだから、買った翌日から株価が下がり続けて大損を抱えたよ。一度も買値を上回ることなく、つるべ落としのように株価が下がって何年も塩漬けだった。それでも経済新聞を読むようになって、仕事には少し役に立ったかな？

大分　早速、明日から信用金庫を攻めますか？

土橋　そうだな。一足先に本部（国税局）に戻って調査準備をしてくれ。

大分　了解です。

翌日に調査に入った信用金庫には、逆L形の社長名義の口座があった。イナズマ口座に対して「逆L口座」（次ページ図参照）という呼び名がある。イナズマは振り込み入金後、すぐに全額を引き出す架空経費の取り立て口座のパターンだ。それに対して、逆Lは現金商売が使う除外した売上金を溜め込むタマリ口座のパターンである。通帳への入金（銀行簿記では、入金は貸方で右側）がしばらく続いて残高が増え、一定額に達すると一気に大きな金額で出金（通帳の借方で左側）する。

この口座の動きがアルファベットのLを裏側から見たような形になるため、逆L口座と呼んでいる。逆L口座の性格はタマリ口座で、余剰資金（脱税した金）を溜め、ある程度の残高になると、まとめて出金するパターンがこの動きになる。

逆L口座のイメージ

年月日	支払い金額	預かり金額	残高
×0年10月5日		2,000,000	2,200,000
×0年11月5日		1,500,000	3,700,000
×0年12月5日		2,800,000	6,500,000
×1年1月5日		3,000,000	9,500,000
×1年2月5日		2,200,000	11,700,000
×1年3月5日		1,600,000	13,300,000
×1年4月5日		2,300,000	15,600,000
×1年5月5日	15,600,000		0

探していたタマリが送金元の信用金庫にあった。しかも、その入金額は架空口座の出金に符合していた。つまり、架空外注費の取り立て口座から現金を引き出し、その翌日に信用金庫の口座に現金で入金していたのだ。イナズマは架空経費の典型的な口座で、逆Lはタマリの典型的な口座。両方があたかも鏡が向かい合うように揃っていた。

上田　P／L（税務用語で不正取引の手段）とB／S（不正取引の果実）の揃い踏みだね。

大分　見事ですね。これなら、実施も文句のつけようがない。

土橋　脱税規模が少し小さいようだけど、これだけ証拠がキッチリ揃っていれば強制調査は間違いない。よくやった！

届かなかった口座売買屋への捜索

いよいよ強制調査の当日になった。早朝から本部室の準備を整えて着手時間を待った。今日の本部室は比較的落ち着いていた。P／LとB／Sが揃っているため、脱税をしていることは間違いなく、関心は脱税規模がどこまで伸びるかだ。

着手時間の朝8時から20分が経過すると、いきなり本部室が戦場へと変わる。各調査場所からの報告で本部室の電話が一斉にけたたましく鳴り響く。上田の役目は本部要員として報告内容をホワイトボードに書くことだ。

本部統括官　1番、8時着手、代表者捕捉。脱税を認めている。

ホワイトボードにこのように書けとの本部統括官の指示だ。短い言葉は「強制場所1番（基本的に本社）で代表者を捕まえた。強制調査令状の執行は8時ちょうど。代表者は脱税を認めている」を意味している。

代表者は朝一番から脱税を認め、現場からもタマリの行方や脱税の動機などを語る様子が報告されてきた。報告内容は内偵調査で見つめてきた状況と一致している。

架空口座の通帳も代表者の机の中から見つかり、もはや代表者に抗《あらが》えるだけの力はなく、素直に調査に応じていた。調査は順調に進んで、代表者の供述内容は内偵調査報告書に描かれたストーリーどおりの展開だった。

代表者は素直に調査に応じていた。しかし、肝心の口座売買屋については供述を渋った。購入方法について、代表者は「ネットで印鑑とキャッシュカード付きの口座を、一口座30万円で購入した。ネットにあった番号に購入希望の電話をすると、受け渡し場所を指定され、売人と会って一度に3～5口座を現金で購入した。購入前に近くの銀行に一緒に行って、キャッシュカードがちゃんと使える口座かどうかを確認した」と供述した。

口座売買屋について知っていて話さないのか、本当に知らないのかは判明しない。だが、素性を知っていて嘘をついているなら、購入先は裏社会に繋がる組織立った集団の可能性があって、本当のことを言えないのかもしれない。

しかし、代表者の供述に不自然な点は見当たらない。口座の購入日に1０００円をATMで入金し、直後に引き出した記録が残っていた。「ちゃんと使える口座かどうかをキャッシュカードで確認した」という代表者の供述に符合していた。

口座売買屋が判明した時に備えて、強制調査のメンバーが待機していた。捕まえれば、全国に販売された仮名口座のリストが入手できるかもしれない。仮名預金は必ず裏取引に使われるため、内偵調査の端緒となる資料が収集できる期待感があったが、見事に肩透かしをくらった。

初日の調査が終了すると、内偵班は打ち上げを行う。明日から別のターゲットを追いかけるための、一つの区切りだ。強制調査が終了するのは深夜になっているため、一人当たり、缶ビール2本と乾き物だけである。6ヵ月から1年かけて仕上げた事案の打ち上げにしては質素なのだが、苦労を共にしてきた仲間と、心からの乾杯ができる幸せな瞬間だ。

この日は、実施も早く上がって、担当者がビールの差し入れにやってきた。

実施担当 いい嫁、サンキュー！

上田 よろしくお願いします。

実施担当 内偵どおりだから、早く終わりそうだよ。それにしても20口座も使った架空外注費のスキームをよく見つけたな。

上田 ツキですよ。ツキ。

実施担当　ターゲットの慎重な性格もあって、少額のロットで動かしていた口座だったのに、いきなり踏み込まれてびっくりしていたよ。しかも、税務署の調査を乗り切ったもんだから、完全に安心していた。

上田　口座購入の経緯に不自然なところはないですか？

実施担当　俺の見る限り、ないと思う。嘘をついている奴はなんとなく分かる。

上田　口座の動きも供述と一致していますしね。

実施担当　どういうこと？

上田　架空口座の最初に、ATMを使った1000円の入出金があるんですよ。内偵段階から、使える口座かどうかを試した動きと読んでいました。

実施担当　口座売買屋が分かったら教えるよ。お前ら、喉から手が出るほど欲しいんだろう。それにしても、何もないところから脱税者を見つけ出す内偵班の技術はたいしたもんだよ。税務署は総勘定元帳を見ても、見逃していたぞ。

上田　実施班の献身的な調査があってこそです。これから何日も帰れない日々が続くんでしょう？　我々はこれで終わりですから。

家族への想い

ターゲットの脱税は十分な証拠が揃っていたため早期決着となったが、その後、実施担当から口座売買屋の素性が分かったといった話は聞こえてこなかった。内偵班は興味をもって聞きに行かなければ事案の結果すら教えてもらえないのだが、今回の強制調査は口座売買屋へ繋がる道だったため、正体を掴めば耳に入るはずだった。

土橋 明日は日曜日だけど、連絡事案が入ったから出勤ね。

上田 ……特に予定を入れていませんので、大丈夫です。

中園 ……ゴルフの予定を入れてしまって、抜けられません。

大分 私は田舎から両親が出てきて、食事に行く約束があるんですけど……。

土橋 悪いけど、あきらめてくれ。いつも言っているが仕事が最優先だ。連絡事案が入ったら〝突貫工事〟だ。

大分 仕方ないですね。上田さんは、家族に仕事をどのように説明しているのですか？

上田 い、い、い、いあきらめてくれと説明してある。しかし、何もないときに温泉旅行にも行けないのは悔しいので、予定は立てる。で、仕事が入ったら仕方ないとね。何度か危ないことはあったけど、実際に旅行のキャンセルをしたことはないよ。

大分　奥さんは理解してくれています？

上田　理解はできないだろう。あきらめているよ。家族サービスができそうな国家公務員と思って結婚したのに、騙されたと思っているんじゃない？

大分　母子家庭みたいなもんですか？

上田　子供が生まれたばかりの頃は本当に参った。月曜の朝に出ていくと、土曜の夜遅くまで、子供の起きている時間には帰れないだろう。子供を抱くと泣くんだよ。子供から見れば知らない人だからね。物心がつくまでは懐いてくれなかった。

大分　それもつらいですね……。

上田　うちの子供たちは、今でも俺を「おじさん」と呼んでいる。

大分　おっ、おじさんですか？

上田　あだ名のように呼んでいるんだが、子供の運動会にも妻が一人で行ったことがあって、「こんな日も仕事なの？」と妻から言われ、「これからは、俺をおじさんと呼んでくれ」と言ってから、子供たちも「おじさん」と呼ぶようになった。

大分　それは……シャレになりませんね。

上田　いまでも子供たちは、ふざけて「おじさん」と呼んでいるが、半分は本気なのかもしれない……。

大分　これだけ仕事をしてもスズメの涙しか残業手当が出ないから、余計に家族には信じてもらえないんですよね。

上田　そこが厳しいところだ。給与明細に残業時間が書いてあるから実態とかけ離れていると疑われる。だから先輩たちは給与明細を渡さないんだろうな。

大分　上田さんは渡していますか？

上田　結婚当初に渡してしまったから、やめるわけにもいかず、苦労している。

中園　そうですよね。あの残業時間の表記と帰宅時間のギャップを埋めることはできないですよ。私なんか毎日遊んでいると思われています。

上田　そうそう、査察官が探偵に尾行された話を聞いたことがあるだろう。

大分　あります、あります。悲劇ですよね。仕事しているのに浮気していると疑われて、奥さんが探偵事務所に浮気調査を依頼した話ですね？

上田　結局浮気ではなかったんだけど、奥さんが疑うのも仕方ないよね。俺も潜入調査で怪しげな店に行くときは、妻に悟られないように気を付けている。仕事で仕方ないのだが、せめて余計な心配をさせないようにね。

大分　上田さんの潜入調査は、絶対バレませんよ。いつも楽しそうですからね。

上田　うるせー。顔で笑って心で泣いてだ。

大分　ホントですかー？

中園　家族にも仕事の話はできませんからね。

大分　遅く帰って、疲れてバタンキュー。浮気を疑われる要素は十分にありますよ。

上田　奥さんに愛情があるから尾行されたんだよ。中には離婚されたケースもある。

大分　でもさすがにマルサ。実施の査察官が尾行されていることに、内偵の査察官が気づいて教えてあげたのですよね？

上田　日頃から尾行をしているから、尾行者の動きが分かる。帰りがけの査察官を見かけて、尾行者の存在に気づいたようだ。

大分　査察官を尾行している探偵の後ろに、また査察官ですか？　笑えない話ですが、面白いですね。

上田　笑えないけれど……一般のサラリーマンよりも、ちょっとだけ刺激的な生活を送っていることに間違いはないな。

土橋　さてみんな、終電までもう一仕事だ！

マルサの男の夜は、その日も終わることはなかった。そして、今もどこかで、いつ終わるとも知れない張り込みをしているマルサがいる。

おわりに

現在の職業は？　と聞かれれば「税理士」と答えるが、実際には僧侶でいる時間が最も長い。時折、セミナーで国税査察官時代の経験を話したり、文章を書いたりしている。三足の草鞋と言われることもあるが、どれも独り立ちはできていない。自分はいったい何者なのだと問うてみてもよく分からないが、中途半端な人間であることに違いはない。

そういえば子供の頃から、なるようになれと行動するタイプで、そもそも国税職員になった理由も大学受験の失敗だった。目指す大学がなく、漫然と予備校に通っていた時、父親のリストラで経済的に進学をあきらめた。

それでもなんとかなるとアルバイトや遊びに流されていたのだが、いよいよ切羽詰まった時、友人から勧められたのが国家公務員試験だった。高校時代に人生の選択をした友人とは雲泥の差で、下町のサラリーマン家庭で育った私は、税務署が何をしている役所なのかも知らなかった。しかし、様々なアルバイト経験のおかげで商売の裏側や不正経理がピンポイントに分かって、後に税務調査で役に立つのだから回り道も無駄ではなかった。

もともと勝気な性格で、公務員のまじめな気質は合わない。そのため友人の救いの手がなければ、絶対に受験などしていなかっただろう。過去を知る友人たちも「なんでお前が国家公務員なんだ？　しかもマルサ！」と口を揃えて言った。

ところが「ええい、ままよ！」と就いた税務署の仕事が水に合ったようだ。税務署にも総務・会計や管理運営部門、内部担当などの部署もあって、もし、調査担当以外に配属されていたら、どこかで朽ち果てていたに違いない。唯一、力を発揮できる調査部門にピンポイントに配置してくれた人事担当者に感謝している。

しかし、社会人として一人前に育ててくれた国税を、中途退職しなければならなくなった。その理由は妻の実家が真言宗のお寺で、そこに跡取りがいなかったためだ。私は寺の生まれではなく、結婚まで仏門に無縁だったのだが、何かの縁で白羽の矢が立った。

散々悩んだ挙げ句、結婚時の約束もあって、仕方なく私が折れる形で国税局を退職したのだが、この時の「ええい、ままよ！」は大失敗だったと後悔している。踏み入れたのは想像をはるかに超える世界だった。

最大の原因は義父との確執。退職前は義父と娘婿の関係だったが、退職後にそれが一変した。僧侶の世界では師と弟子の関係だから仕方ないのかもしれないが、あまりの変わりように困惑した。

退職後に本山に籠もって僧侶の資格を取得したものの、対立が激化、ある日、大喧嘩になって「寺を出ていく」と言うと、「待ってました」とばかりに後釜を決めてきた。まさか実の娘と3人の孫を叩き出すことはないと思うかもしれないが、義父母が先方の両親と会食をして養子縁組の日程が具体的に決まり、入居のためのリフォーム計画が始まった。

告げられた退去期限は6ヵ月後。長男が高校2年の秋で翌年に大学受験を控え、年子の二男が続く最悪の時期だった。初めのうちは経済的に立ちゆかなくなる状況を見越しての脅しだろうと高を括っていたのだが、話はどんどん進んでいった。

二男の大学受験が終わる2年後まで退去を待ってほしいと要望したものの無視され、寺を出ても何とか生活できると主張する私と、何とか寺に残ろうとする妻との隔たりは大きく、家族が崩壊寸前まで追い詰められた。夫婦喧嘩が頻発し、幼稚園児だった三男はストレスから夜尿症に苦しんだ。

国税を退職してまで寺に入った娘婿に、よくここまでの仕打ちができるものだと思いながらも、何とか妻を説得して新しい家を探し、大手税理士事務所に就職を決めた。が、今後の生活に大きな不安を抱え、子供たちの人生を狂わせてしまう可能性が頭から離れず、結局、この時は退去寸前で私が再び折れ、義父に土下座して何とか寺にとどまった。

屈服させた義父との力関係は明らかで、数年間、地獄の苦しみを味わうことになるのだが、今も寺にとどまっている。マルサで伊達に17年間を過ごしてきたわけではない。根性は備わっているつもりだ。面白いものでこのところ、力が落ちゆくものと、力をつけゆくものの差がハッキリ出てきた。

相変わらず強烈な確執は続いているが、私が遠慮する必要はなくなった。「文句があるなら、いつでも出ていってやる」と宣言してから立場が逆転した。なんとか税理士で食べていける自信がつき、長男の就職が決まったことが大きな要因だ。「あなたの書いた本より、人生そのもののほうがドラマとして面白いんじゃない？」と妻は呆れ返っている。

苦しい時代を精神的に支えてくれたのが出版だった。縁があって2011年に、国税局査察部の内偵調査活動を描いた『マルサの視界』を刊行できたのだが、このことが私を自信の持てる世界へ引き戻してくれた。鬱屈した精神状態の中でも、今に見ていろとモチベーションを維持し、精神の崩壊を免れていた。

その続編の刊行に5年もかかった一つ目の理由は、原発の闇にせまる「原発から流れ出るカネ」の紹介をためらっていたからだ。原稿ができ上がった時、東日本大震災で原発が停止した。原発には様々な利権が複雑に絡んでおり、過去にマルサで闇のカネを解明するための強制調査を行った。本書にはこの時の内偵調査を克明に紹介している。

ただし、国家公務員としての守秘義務と、国税通則法上の守秘義務の二重の制約があるために、原発名はもちろん、不正に関わった企業名も特定できないように工夫している。

そして、私自身に原発行政に何らかの影響を与える意図はなく、極力影響を与えないために5年も出版を待ったことを申し上げておきたい。

税金の不公平が叫ばれているが、公平の維持のため日夜、地道な調査をしている国税職員にスポットライトを当てたい。国税の応援団として、国税の監視対象者でない善良な納税者やサラリーマンに向け、マルサの活躍を伝えたいとの思いで「ええい、ままよ！」と出版を決意したのだが、その功罪は想像できていない。

＊

手の込んだ脱税に切り込み、強制調査を行って真実を暴いて告発するのが「国税の最後の砦」と呼ばれるマルサだ。ところが近年、国税庁のデータにも表れているが、告発件数や処理した事件の脱税額が減少傾向にある。

他方、国税査察官は年々増加し、２０１６年現在、東京国税局の査察官、約５５０名を筆頭に全国で１５００名が脱税に目を光らせている。マイナンバーの導入によって噂されているのが、国税査察官の縮小論だ。査察官一人当たりの徴税パフォーマンスは決して良くない。大口・悪質の強制調査を原則としているため、内偵調査には途方もない時間がかかる。裁判官から強制調査令状の発布を受けるためには、間違いなく脱税が行われている状況証拠を示す必要があるが、悪質な脱税者ほど簡単に尻尾を出さない。

対して、任意で（納税者の協力を得て）調査を行う資料調査課などは、ターゲットを選定し、着手後に帳簿や証拠を見ながら展開するため、圧倒的な調査件数を確保できる。

任意調査と強制調査の大きな違いは、任意調査は税金を賦課するための調査で、強制調査は税金を賦課して、さらに刑事罰を与えるための調査であるところだ。マルサの調査が終了すると、検察庁に告発して裁判で量刑を争うことになる。単純な徴税パフォーマンスでは済まされないのだが、マルサの本質を理解していない国税幹部もいない訳ではないため、マルサ縮小論が噂されるのだろう。

安易な縮小論の先にあるのは、正直者がバカを見る社会だ。縮小論に流されないよう「国税の最後の砦」と呼ばれる国税査察官の矜持を伝えたいと思い、筆を進めた。

ところで前作の出版時、上田が内偵手法を暴露したとして、国税庁が公務員法違反での調査を検討しているとの噂が聞こえてきた。しかし、前作では私なりに現役の査察官に配慮し、端緒収集方法がわからない事案を中心に掲載して、読者の知りたい線とのギリギリの均衡を探ったつもりだ。

本書の出版を遅らせていたもう一つの理由は、内偵手法を明らかにすることをためらっていたためだ。本書では内偵調査の本質である銀行調査を中心に掲載しているが、紹介によって現役査察官の活動に支障をきたす心配があった。

しかし、マイナンバーによって仮名預金や借名預金が激減し、内偵手法の変化が余儀なくされる。そもそも銀行以外の端緒収集に厚みを増す議論は、私が現役だった30年も前から検討されていたことで、すでに新たな方法を見つけ出しているに違いない。

最後に内偵調査の現場を歩いてきた経験から、少しでも社会の役に立てばと筆を執ったものの、念頭には、いつもプライバシーの問題があった。よって本書中の登場人物はすべて仮名とし、企業名、所在地などの特定もできないように工夫を加えた。そして、一緒に仕事をした仲間の名前も仮名にした。

仲間を勝手に登場人物として使ったこと、記憶が薄れて当時の会話に若干の記憶違いがあることをお許し願いたい。また、事案は脱税調査のケーススタディとして紹介するのが目的で、個別事案の暴露や脱税方法の紹介を意図したものではないことを付け加えたい。

＊

出版にあたって、講談社現代新書の米沢勇基氏には編集・構成で大変お世話になった。国税査察官の苦労を社会に伝えるチャンスをいただき、本当に感謝の念に堪えない。

２０１７年１月吉日

上田二郎

講談社現代新書　2407

国《こく》税《ぜい》局《きょく》査《さ》察《さつ》部《ぶ》24時《じ》

二〇一七年一月二〇日第一刷発行　二〇一七年二月一日第二刷発行

著者　上《うえ》田《だ》二《じ》郎《ろう》　

発行者　鈴木　哲

発行所　株式会社講談社

東京都文京区音羽二丁目一二—二一　郵便番号一一二—八〇〇一

電話　〇三—五三九五—三五二一　編集（現代新書）

〇三—五三九五—四四一五　販売

〇三—五三九五—三六一五　業務

装幀者　中島英樹

印刷所　凸版印刷株式会社

製本所　株式会社大進堂

定価はカバーに表示してあります　Printed in Japan

N.D.C. 345　262p　18cm
ISBN978-4-06-288407-5

「講談社現代新書」の刊行にあたって

教養は万人が身をもって養い創造すべきものであって、一部の専門家の占有物として、ただ一方的に人々の手もとに配布され伝達されうるものではありません。

しかし、不幸にしてわが国の現状では、教養の重要な養いとなるべき書物は、ほとんど講壇からの天下りや単なる解説に終始し、知識技術を真剣に希求する青少年・学生・一般民衆の根本的な疑問や興味は、けっして十分に答えられ、解きほぐされ、手引きされることがありません。万人の内奥から発した真正の教養への芽ばえが、こうして放置され、むなしく滅びさる運命にゆだねられているのです。

このことは、中・高校だけで教育をおわる人々の成長をはばんでいるだけでなく、大学に進んだり、インテリと目されたりする人々の精神力の健康さえもむしばみ、わが国の文化の実質をまことに脆弱なものにしています。単なる博識以上の根強い思索力・判断力、および確かな技術にささえられた教養を必要とする日本の将来にとって、これは真剣に憂慮されなければならない事態であるといわなければなりません。

わたしたちの「講談社現代新書」は、この事態の克服を意図して計画されたものです。これによってわたしたちは、講壇からの天下りでもなく、単なる解説書でもない、もっぱら万人の魂に生ずる初発的かつ根本的な問題をとらえ、掘り起こし、手引きし、しかも最新の知識への展望を万人に確立させる書物を、新しく世の中に送り出したいと念願しています。

わたしたちは、創業以来民衆を対象とする啓蒙の仕事に専心してきた講談社にとって、これこそもっともふさわしい課題であり、伝統ある出版社としての義務でもあると考えているのです。

一九六四年四月　野間省一